Geheimnisse zum machen

ein leben von

kryptowährungen

Inhalt

Wie viel Geld es braucht, um von Kryptowährungen zu leben 5

Gründe für eine Investition in Kryptowährungen 11

Entdecken Sie die Rentabilität eines lebenslangen Bitcoin-Handels 14

Echter Erfahrungsbericht darüber, wie man mit Bitcoin-Investitionen seinen Lebensunterhalt verdienen kann 21

Ambitionen, vom Handel zu leben 26

Wie viel müssen Sie generieren, um von Kryptowährungen leben zu können? 34

Einige Empfehlungen, wie man mit Kryptowährungen seinen Lebensunterhalt verdienen kann 38

Allgemeine Erfahrungen mit dem Leben von Kryptowährungen 44

Wege zum Sparen und Leben von Kryptowährungen 45

Die Fähigkeiten, um vom Kryptowährungshandel zu leben 49

Das reguläre Gehalt der Krypto-Welt 56

Ruhestandssparen in Kryptowährungen 60

Kauf von Kryptowährungen als Sicherheit auf dem Weg zur Rente 63

Altersvorsorgepläne auf Basis von Kryptowährungen entworfen 65

Einführung von Bitwage zur Erstellung einer Altersvorsorge 73

Die besten Kryptowährungen für die Erstellung eines Pensionsplans 76

Kryptoassets als Zeichen der Zukunft für Pensionsfonds 79

Zu vermeidende Handlungen, um von Kryptowährungen leben zu können 83

Die Generierung von Einkommen mit technologischen Fortschritten hat sich komplett diversifiziert, wobei sich kurz-, mittel- und langfristig eine interessante Option abzeichnet, wie z.B. Kryptowährungen, aber es gibt immer noch einige Zweifel, wie man dieses Mittel in eine Einkommensquelle verwandeln kann, die es einem erlaubt, komfortabel zu leben.

Hinter einigen Kryptowährungen liegt der Schlüssel zur Verringerung Ihrer finanziellen Sorgen, aber es ist immer noch ein Risiko an sich, da es eine Investition ist und wie jede andere, gibt es die Möglichkeit, Geld zu verdienen oder zu verlieren, aber durch den Umgang mit diesem Ergebnis werden Sie in der Lage sein, offen für erhebliche Gewinne zu sein.

Wie viel Geld es braucht, um von Kryptowährungen zu leben

Wenn Sie daran denken, in Kryptowährungen zu investieren, ist ein Detail, das Sie abschätzen müssen, die Art von Kapital, das Sie haben müssen, um die Zahlen in positive Erträge zu multiplizieren, gibt es verschiedene Wege oder Modalitäten, um diese Art von wirtschaftlichen Ergebnis zu erreichen, wie Sie über diese Welt lernen können Sie widmen, was notwendig ist.

Von Anfang an müssen Sie einen realistischen Blick auf die Risiken behalten, die Sie haben, sowie auf die Aspekte dieser Wirtschaftswelt, verschiedene Manager nutzen ihr Wissen, um an Kryptowährungsinvestitionen teilzunehmen, und ein wichtiger Punkt, den man besprechen muss, ist, wie man investieren kann.

- **Wahl zwischen Hodler und Cryptotrader**

Im Moment der Teilnahme an der Investition von Kryptowährungen können Sie zwei Arten von Modalitäten annehmen, diese hängen von der Art der Zeit ab, die Sie dieser Tätigkeit widmen müssen, sowie von der Größe des Kapitals, das für diese Investition bestimmt ist, deshalb wird dies auf zwei Arten klassifiziert.

Zum einen haben Sie die Möglichkeit, ein optimales Gewinnniveau zu erzielen, bis hin zu dem Punkt, dass Sie von dieser Investition leben können, zum anderen gibt es auch Teilnehmer, die nur ein Rentabilitätsniveau des von Ihnen verwalteten Geldes anstreben und dies wird von einer Bank oder einem traditionellen Unternehmen nicht mehr gewährleistet, schon gar nicht angesichts der Inflation.

Diese beiden Konzepte können mittels eines Hodlers oder Kryptotraders realisiert werden, im Fall des Hodlers ist damit das Halten von Kryptowährungen gemeint, diese Alternative hat den Vorteil, dass die Art des Kapitals flexibel ist, da es sich langfristig auszahlt.

1. Hodler

Aber vor der Option der hodl müssen Sie eine Rechnung, die völlig realistisch ist, können Sie unter der Studie des Marktes zu starten, sowie die Position der Beibehaltung und den Verkauf der Vermögenswerte zum besten Zeitpunkt für jeden Schritt, das ist ein wichtiger Punkt, weil sonst wird es keine Rentabilität.

Eine andere Art der Einschätzung, die Sie vornehmen sollten, ist das Verhältnis der Gewinne in Bezug auf die Investition, die Sie tätigen, denn wenn Sie ein Kapital von $1.000 USD einsetzen, können Sie nicht die Erwartung haben, $10.000 USD zu erwirtschaften, vielmehr sollten Sie auf eine Rendite setzen, die etwa 20% oder 50% beträgt, dies hängt von Ihren Entscheidungen ab.

Für den Fall, dass Sie vollständig von Kryptowährungen leben wollen, müssen Sie beim Hodeln ein wichtiges Kapital haben, auf diese Weise können Sie einige wirtschaftliche

Vorteile wahrnehmen, die zum Leben notwendig sind, gleichzeitig müssen Sie von diesen Gewinnen beginnen, alles zu verringern, was mit Steuern und anderen zusammenhängt.

Das Thema Steuern sollte nicht übersehen werden, da in Ländern wie z.B. Spanien ein Einkommen oder eine Abgabe auf den erwirtschafteten Gewinn festgelegt wird, ca. 18-21% sind für die Zahlung einer solchen gesetzlichen Besteuerung vorgesehen, dies ist ein Hindernis, Kryptowährungen als eine Lösung für das Leben auf finanzieller Ebene zu betrachten.

Um von einer Kryptowährungsinvestition im Hold-Modus vollständig leben zu können, müssen Sie mindestens ein Kapital von etwa 100.000 USD einbeziehen. Wenn Sie jedoch nur eine Art von Interesse durch Kryptowährungen generieren wollen, ist es am besten, zu halten und schrittweise über einen längeren Zeitraum zu verkaufen.

Das Risiko, dass ein Vermögenswert im Preis sinkt, ist jedoch eine Bedingung, mit der Sie umgehen müssen. Dies sind Investitionen, die nicht kontrolliert werden können, aber gleichzeitig einen finanziellen Sieg darstellen, wenn Sie es richtig machen.

- **Methode für die Investition in Kryptowährungen**

Eine der am häufigsten verwendeten Techniken für langfristige Investitionen in Kryptowährungen ist es, dem gleitenden Durchschnitt zu folgen, zumindest für einen Zeitraum von 120 bis 150 Perioden, so dass, wenn der Preis steigt und um den Durchschnitt herum ist, oder der langfristige Durchschnitt ist, die Zeit zum Kauf begrenzt ist.

Auf der anderen Seite gibt es das Thema Stop-Loss, obwohl verschiedene Meinungen es als eine gefährliche Ressource einstufen, vor allem, wenn Sie auf eine Hodling-Position wetten ist nicht die ratsamste, ist es wichtig, dass Sie auf die Investition Ihres Kapitals auf jeden Modus, vor allem in einem einzigen Vermögenswert, besser diversifizieren.

2. **Kryptotrading**

Zweitens gibt es die Position und die Arbeit von cryptotrading, dies ist eine Methode, in der Sie mehr Einkommen bekommen können, aber zur gleichen Zeit, um von diesen Ergebnissen zu leben, müssen Sie eine beträchtliche Menge an Kapital haben, Experten empfehlen, dass Sie mindestens $10.000 USD haben können.

Wenn Sie noch ein Anfänger in dieser Art von Investitionen sind, beginnen Sie nicht mit einem übertrieben hohen Kapital zu investieren, Sie können mit einem viel niedrigeren Maß als dem oben genannten üben, bis Sie einen Investitionsplan erstellen, wo Sie einige Techniken oder Kryptohandelsschritte hinzufügen können, die studiert und getestet wurden.

Da Sie einen Schritt, der funktioniert, beschäftigen, werden Sie in der Lage sein, schrittweise bis zu dem Punkt, dass, wenn Sie gut sind Sie gehen, um einen Lebensunterhalt von diesem ohne jedes Problem zu machen, aber die Pflicht ist auf den Erwerb von Wissen, werden Sie brauchen, um zu lesen und informiert werden in jedem Fall auf Ideen aus Ihrer Analyse zu erhalten.

Egal, was Sie lesen oder recherchieren, die Linie, die Sie einhalten müssen, ist die der Selbsterkenntnis, Ihre eigene Entschlossenheit ist das, was Ihnen helfen wird, die Entscheidungen zu treffen, die Sie für angemessen halten, vor allem, weil die Grenzen von Ihnen gesetzt werden müssen, das ist der Weg, ein persönliches System zu etablieren.

Zum Beispiel, wenn Sie ein Hodler sind, müssen Sie nicht so viel Zeit für die Operationen aufwenden, aber im Falle eines Kryptotraders ist es eine Investition von mindestens 4 Stunden pro Tag, es hängt alles von der Disposition ab, die Sie beim Investieren haben.

Gründe für eine Investition in Kryptowährungen

Wenn Sie darüber nachdenken, in Kryptowährungen zu investieren, um Ihr Leben zu verändern und Sie immer noch Zweifel haben, können Sie die folgenden Punkte berücksichtigen, um Ihr Bestes zu tun und die notwendige Überzeugung zu bewahren, um Gewinne zu erzielen:

- Kryptowährungen haben eine beachtliche Erfolgsbilanz, da sie seit mehr als 11 Jahren Teil der Finanzlandschaft sind und unter den Impulsen der digitalen Transformation relevanter sind denn je.
- Durch die enorme Vielfalt und Menge an Assets ist es für Sie ein Leichtes, Ihr investiertes Kapital zu diversifizieren.
- Auf der anderen Seite sind die Kosten für den Handel mit diesen Vermögenswerten sehr niedrig, da moderne Börsen keine oder nur geringe Kommissionen erheben.
- Es ist derzeit die zuverlässigste Möglichkeit, Ihr Kapital vor der Inflation zu schützen.
- Die Privatsphäre ist gewährleistet, da die Verwaltung der Vorgänge anonym erfolgen kann und nichts mit dem traditionellen Bankgeschäft zu tun hat.

- Sie erhalten eine echte Kontrolle über Ihr Vermögen, wobei Sie alle Veränderungen beobachten können und die Möglichkeit haben, nach Belieben Abhebungen und Einzahlungen vorzunehmen.
- Der Geldtransfer wird schnell und kostengünstig durchgeführt, da es sich um einen digitalen Prozess handelt.
- Kryptowährungen können überall auf der Welt verwendet werden, ihr globales Ausmaß erlaubt es Ihnen, den Vermögenswert mit völliger Freiheit zu verwenden oder zu entsorgen.
- Es besteht keine Notwendigkeit, für die Aufbewahrung von Geld zu bezahlen, schon gar nicht beim Kauf und Verkauf von Kryptowährungen.
- Im Laufe der Zeit werden verschiedene Einrichtungen geschaffen, die Ihnen Kryptowährungen mit einem einfachen Klick täglich zur Verfügung stellen.
- Diese Anlagen sind eine Lösung, um den Zahn der Inflation beiseite zu schieben.
- Wenn Sie ein Geschäft besitzen, können Sie Kryptowährungen akzeptieren, um eine größere Anzahl von Kunden zu gewinnen.

- Nach und nach werden einige Schutzvorschriften für Kryptowährungsoperationen erstellt, dies ist ein wichtiger Punkt, um mit mehr Vertrauen zu operieren.
- Als Anfänger brauchen Sie anfangs kein großes Kapital, Sie können damit beginnen, alle Ressourcen kennenzulernen, die diese Art der Investition bietet.
- Nach der exzessiven Nutzung von Kryptowährungen entstehen weitere Anlageformen, bei denen Renditefonds und andere hervorstechen.
- Die Welt der Kryptowährungen wird von der Gemeinschaft kontrolliert, was bedeutet, dass keine Regierung irgendeine Art von Intervention hat.
- Diese Art der Investition ist aufregend, sie kann zu einem Lebensstil für Sie werden, da verschiedene Gemeinschaften diese Erfahrung in vollen Zügen ausleben.

Zu lernen, wie man mit Kryptowährungen seinen Lebensunterhalt verdient, erfordert vor allem Motivation, daher sind die oben genannten Gründe der beste Weg, um Klarheit zu bekommen, wenn man eine Entscheidung trifft und alles daran setzt, seine Fähigkeiten zu verbessern.

Entdecken Sie die Rentabilität eines lebenslangen Bitcoin-Handels

Wenn Sie darüber nachdenken, in den Bitcoin-Handel zu investieren, müssen Sie einige frühere Zweifel beantworten, um solide Schritte zu unternehmen, da nach jedem Tag eine Option ist, die langfristig an Popularität gewonnen hat, vor allem für die Art von Privilegien, die diese Investition für viele Menschen darstellt, wurde dies durch die online verfügbaren Optionen unterstützt.

Die Teilnahme von Einzelhändlern innerhalb cryptocurrencies ist genauer wegen der Art der Einrichtungen, die es über verschiedene Bereiche gewährt, das ist, was bewirkt, dass mehr und mehr Menschen in diesem Abschnitt der Investitionen zu erleichtern, ist es nicht, dass es leicht zu verdienen, aber es ist profitabel, wie Sie Erfahrungen sammeln.

Die Praxis ist ein Element, das in der Welt der Kryptowährungen nicht fehlen darf, da sie unbegrenzte Möglichkeiten zur Erzielung von Einkommen generiert, der Kauf eines Vermögenswerts ist einfach und funktioniert gleichzeitig als Schutz für Ihr Vermögen, um Inflation zu vermeiden, aber Sie können noch weiter gehen und spekulieren, um von dieser Aktivität zu leben.

Durch einige kleine Bewegungen und entsprechend der Marktbewegungen können Sie Geld verdienen, dass durch eine konstante oder Durchführung mit einem großen Kapital werden Sie in der Lage sein, eine optimale Einkommensquelle zu erreichen, wo die Bitcoin ist eine opportune Option, wenn Sie leben von dieser Art von Bemühungen betrachten.

Bevor Sie daran denken, sich dieser Tätigkeit zu unterziehen, ist die Hauptsache, dass Sie an sich selbst glauben können und nicht davon ausgehen, dass es sich um eine einfache Tätigkeit handelt, denn die Rentabilität lässt sich mit Fortschritten und jenen Handlungen zuordnen, die nach und nach diesen langfristigen Investitionen Gestalt geben.

- **Alternatives Halten, Handeln von Bitcoin und einigen Kryptowährungen**

Das Medium der Kryptowährungsinvestitionen ist online so weit verbreitet, dass Sie spezielle Kurse und Schulungen zu diesem Thema finden, da jeder vom Handel leben möchte, zumal es ab einem bestimmten Punkt eine attraktive Maßnahme wird, indem man progressiv spekuliert.

Aber um Gewinne zu erzielen, ist es unerlässlich, bestimmte Konzepte wie Scalping, Entry und Swing-Trading zu beherrschen, diese Begriffe sind unerlässlich, um die Rentabilität

Ihrer Aktionen zu messen, vor allem, wenn Sie wollen, dass dies Ihr Mittel zum Einkommen oder Lebensunterhalt ist, liegt die Pflicht auf ständigem Training.

Solange Sie sich dem Risiko mit einer besseren Argumentation aussetzen können, und unabhängig von der Art des Ergebnisses, das präsentiert wird, sollten Sie den Wert der Toleranz nicht verlieren, das ist die Herausforderung, der sich jede Art von Anfänger-Trader stellen muss, weil der Markt nicht kontrolliert werden kann und viel weniger die Art des Rückschlags, der präsentiert wird.

Durch die Operationen, die Sie durchführen, ist die Grenze oder die Sollbruchstelle höher, das ist es, was Ihnen erlaubt, bessere Entscheidungen zu treffen, ohne Sorgen, die Ihre Schritte regieren, auf diese Weise können Sie ein wertvolles Kapital in einer kürzeren Zeitspanne aufbauen, vor allem, weil Sie lernen müssen, mit hohen Risiken umzugehen, um Gewinne zu wachsen.

Der Schlüssel, um vom Handel leben zu können, ist die Erstellung eines Plans, dem Sie mit einer besonderen Investition von Energie folgen, der Konsistenz, Kontrolle Ihrer Gedanken und auch Disziplin besitzt, all dies sind Punkte, die es zu vertiefen gilt, auch in einigen Momenten des Marktes ist es wichtig, das Halten von Kryptowährungen zu beherrschen.

Bevor Sie Risiken eingehen wollen, die Sie zu potenziellen Gewinnen führen, können Sie die Kontrolle über Ihre Handlungen übernehmen, indem Sie diese Handlungen verstehen:

- **Was hinter der Kryptowährungs-Holding steckt**

Es besteht kein Zweifel, dass diese Art von Kryptowährung mit der Art und Weise zu tun hat, wie sie innerhalb dieses Marktes gekauft wird, aber sie hat einen großen Unterschied zum Handel, da es sich um eine mittel- und langfristige Investition handelt, als eine Art und Weise, in der diese Aktivität unter einem etwas gemächlicheren Tempo verstanden wird.

Dieses Szenario ist entspannter, um Entscheidungen zu treffen, weil Sie nicht unter so viel Druck stehen, aber das bedeutet nicht, dass das Bevorzugen des Handels eine negative Aktivität ist, aber es erfordert mehr Erfahrung, um nicht eine hohe Verlustmarge zu erreichen, da Sie das Wissen besitzen, dass Sie in Ihren Händen bedeutende Ergebnisse haben werden.

Der aktive Handel erfordert eine beträchtliche Anzahl von Stunden, durch die Erfüllung dieser Anforderung ist, dass Sie Gewinne auf der Grundlage jeder Stunde und Bewegung gemacht, aber die Empfehlung ist es, jede dieser Fragen zu meistern, um auf die effektivste Art und Weise zu denken, über die langfristige Investition zu dilettieren.

- **Der Handelsplan und die damit verbundene Psychologie**

Was am meisten zählt, ist das Interesse, das Sie zum Zeitpunkt des Starts in der Welt des Handels widmen, beginnend mit der Erforschung vieler Details über Bitcoin, so dass Sie die Einrichtungen dieses Mediums finden können, wo der erste Schritt ist, einen Handelsplan zu bauen, so dass Sie einige grundlegende Regeln über den Ausgang und Eintritt in den Markt haben.

Auf Risikomanagement ist die Möglichkeit, die Art von Verlusten, die Sie konfrontiert werden können, zu verringern, das ist ein idealer Weg, um den Erfolg auf den Punkt des Lebens von dieser Investition zu erhöhen, abgesehen davon, dass nicht die beste Strategie in der Kryptowährung Welt, aber es gibt einige goldene Regeln zu folgen, so dass die Gewinne überwiegen die Verluste.

Es ist genug, einige Prämissen zu nehmen, so dass, wenn Fehler auftreten, werden Sie Ruhe bekommen, sonst werden Sie voreilige Entscheidungen auf der Grundlage Ihrer Emotionen machen, an diesem Punkt die Psychologie, die Teil des Investors ist, die durch Erfahrung aufgebaut werden kann, tritt in Kontroverse.

Aber einige Elemente, die eine gute Entscheidungsfindung ergänzen, brauchen Sie Disziplin und Beständigkeit das ist es, was Ihnen erlaubt, eine Einhaltung der Buchstaben Ihrer Strategie zu haben, aber mit dem Bewusstsein, dass es nicht etwas ist, das Sie von einem Moment zum anderen erreichen können, aber alles geht Hand in Hand mit der Praxis, um voranzukommen.

- **Brokerpräferenz, Nutzung von Demokonten und der Wechsel zu einem Live-Konto**

Sobald Sie bereit sind, Teil der Kryptowährungs-Investitionswelt zu sein, geht es als Nächstes um die Auswahl einer Website für den Handel sowie die Investition in Kryptowährung, aber Sie sollten sich auf eine konzentrieren, der Sie vertrauen können und die die besten Eigenschaften für Ihre Investitionspläne hat.

Die Wahl eines Brokers sollte nicht als ein einfacher Schritt oder eine leichte Entscheidung eingestuft werden, Sie müssen sicherstellen, dass es sich um eine legale und regulierte Seite handelt, zusätzlich zur Bereitstellung eines guten Kundenservice ohne hohe Provisionen oder viel weniger, das gleiche gilt für alle Details in Bezug auf Einzahlung und Auszahlung, um bequem für Ihren Fall zu sein.

Forschung als Vorbeugung ist die beste Alternative, um eine angemessene Entscheidung zu treffen, eine der meistgenutzten Empfehlungen ist Binance, da es eine interessante Börse ist, die sich weltweit positioniert, das Angebot dieses Portals ist wichtig, um Teil der Kryptowährungsbewegung zu sein.

Die Einrichtung eines realen Kontos erlaubt Ihnen, alle Arten von Operationen durchzuführen, von jeder Option können Sie beginnen, Ihre Emotionen zu testen, bis Ihre Entscheidungen Sie zu Gewinnen führen, unabhängig davon, ob Sie mit wenig oder großem Kapital beginnen, das Wichtigste ist, den erratischen Impuls, der auf Ihren Emotionen basiert, zu beherrschen.

Der Handel mit Bitcoin oder einer anderen Kryptowährung ist als eine riskante Aktivität konzipiert, aber auf die gleiche

Weise bietet es wichtige Möglichkeiten, Ihr Kapital zu erhöhen, so dass Sie eine Verwaltung und Administration desselben evaluieren sollten, damit Sie in dieser Investition erfolgreich sein können.

Echter Erfahrungsbericht darüber, wie man mit Bitcoin-Investitionen seinen Lebensunterhalt verdienen kann

Es besteht kein Zweifel daran, dass sich Bitcoin weltweit als akzeptiertes Zahlungsmittel in jedem Handel und an jedem Ort etabliert hat, alles ist offen oder verfügbar, wenn es um Bitcoin geht, es ist auch ein viel profitablerer Vermögenswert als Gold, dies hat sich im Laufe der Zeit geändert, um Kryptowährungen in eine bessere Position zu bringen.

Die Bitcoin-Alternative gewinnt immer mehr an Stärke und diejenigen, die mit diesem Vermögenswert begonnen haben, leben einen einzigartigen Traum, da man nicht nur durch diesen Vermögenswert leben kann, sondern auch jede Reise erleichtern kann, anstatt sich mit Bargeld zu bewegen, diese erste Kryptowährung ist der Finanzierungspunkt für viele Abenteuer gewesen.

Die Bildung des Ökosystems der Kryptowährungen hat durch Bitcoin begonnen, aber um echte Gewinne zu erzielen, müssen Sie mit dem Risiko leben, dies ist ein Punkt, der für viele komplex sein kann, aber es gibt echte Zeugnisse von vielen Benutzern, die aufgeben und nur mit Bitcoin leben.

Im Fall des beliebten Didi Taihuttu erholte er sich von einem familiären Verlust, um sein eigenes Unternehmen aufzubauen, aber im Laufe der Zeit nahm er eine materialistische Vision an, die durch ein anderes familiäres Ereignis, das ihn vom Geschäft abhielt, in Frage gestellt wurde, sodass er eine Pause einlegen musste, um seine Ideen zu organisieren.

Während der Reisen, die dieser Charakter unternahm, begann er, die Veränderung und Produktivität seines Vermögens in Bitcoin und Doge zu beobachten, was eine Revolution auf seiner finanziellen Vision erzeugte, da ein guter Geschäftssinn ihn dazu trieb, Teil dieser Option zu sein, um zu der Veränderung in der Welt beizutragen, die durch Kryptowährungen erzeugt wird.

Zu Beginn erzählt Didi Taihuttu, dass seine Familie diese Entscheidung nicht auf die beste Art und Weise getroffen hat, da sie ihre Immobilien verkauften, um Bitcoin zu kaufen, aber zumindest waren sie sich einig, dass sie eine weniger materialistische Lebensveränderung brauchten, diese Veränderung ihres Lebens setzten sie auf Bitcoin.

Die volle Wette auf Bitcoin war eine Realität, mit der Leichtigkeit der Kauf einer großen Menge von Bitcoin sicher und schnell, alles ist einfach, um die Verwaltung dieses Vermögenswertes zu starten, aber der Vorteil ist, auf eine Website, wo sie nicht akzeptieren diese Art von Vermögenswerten zu gehen.

Die Erforschung der Krypto-Welt verursachte ihn in der Lage sein, Projekte zu finden, um Partner hinzuzufügen, plus gibt es eine Zusammenarbeit dieser Zahlung Werkzeug als Mittel der Liquidität zu verwenden, und viele Leute fragen ihn, wie er angesichts der volatilen Ebene und fällt, dass Bitcoin gelitten hat überlebt.

Die Antwort auf dieses Szenario ist, sich an die Schwankungen zu gewöhnen, ohne daran zu denken, dass er auf 0 fällt, weil man dann bankrott wäre, aber das Leben besteht aus Abenteuern und der Schutz liegt darin, Bitcoin niedrig zu kaufen, so dass man angesichts jeder Bewegung eine Gewinnspanne und einen Schutz hat, auf den man sich berufen kann.

Der Handel kann die Einkommensquelle für jede Art von Familie sein, aber angesichts von Abschwüngen sollten Sie sich nur mit dem Trend an sich gehen lassen, ohne alles, was Sie verdient haben, aus den Augen zu verlieren, anstatt sich nur auf das Materielle zu konzentrieren, da dies Ihre Gedanken beruhigt, um eine bessere Haltung gegenüber allen finanziellen Turbulenzen einzunehmen.

Wenn Sie Geld haben, um auf einer monatlichen Basis zu leben, gibt es keine Notwendigkeit, über die langfristige Sorgen, innerhalb der Investitionen ins Spiel kommt die Mentalität, und am Ende das Leben vergeht mit Geschwindigkeit, so ist es besser, die Gegenwart zu genießen, ohne sich Gedanken darüber, was morgen passiert, müssen Sie nur auf die anfängliche Vorhersage des Preises von Bitcoin, die Sie überzeugt halten.

Jeder Bullen- oder Bärenmarkt hat seine eigene Chance, und bei jeder Kryptowährung gibt es ein historisches Maximum, aber solche Bewegungen entstehen nicht sofort, sondern es hängt alles von der Makroökonomie ab, sowie von einer Menge Faktoren oder Variablen, aber was Sie nicht verlieren sollten, ist der Glaube an die gewählte Kryptowährung.

Die Wette auf Bitcoin ist der Tatsache geschuldet, dass keine andere Firma oder Geschäftsidee in der Lage war, sich über 11 Jahre, 24 Stunden am Tag und permanent 7 Tage die Woche ohne Fehler zu halten, dies bietet nur eine Kryptowährung wie das Pionierprojekt Bitcoin.

Der Weg von BTC muss noch in vielen Details untersucht werden, aber es ist zweifellos eine Praxis, die gefördert werden sollte, da es ein natürlicher Weg ist, in der wirtschaftlichen Dynamik fortzufahren, ohne die Abstürze der traditionellen Systeme zu erleiden, die weltweit auftreten, so dass Kryptowährungen ein dezentraler Ausweg sind.

Konfrontiert mit der Absicht der Regierungen, den Fluss von Bargeld zu begrenzen, können Sie für digitale Vermögenswerte entscheiden, ist diese Form der Zahlung derjenige, der heute an Stärke gewinnt, und ohne das Niveau der Privatsphäre dieser digitalen Medien zu verlieren, ist eine solche Macht Teil jedes der Vermögenswerte als DASH, BTC, und andere.

Das Wichtigste ist, dass dieses Zeichen die Nützlichkeit der Verwendung einer beliebigen Kryptowährung Ihrer Wahl bekräftigt, und in Situationen wie einer Pandemie gibt es keine negativen Auswirkungen auf diese Vermögenswerte, weil sie überall auf der Welt sind, und entgegen der landläufigen Meinung, hat ihre Verwendung deutlich zugenommen.

Es besteht kein Zweifel, dass es interessant ist, auf Kryptowährungen zu leben oder Ihr Vermögen auf diesen Vermögenswert zu reduzieren, es ist eine permanente Industrie, die Sie zur Verfügung haben, um vollen Seelenfrieden zu erhalten, aber ohne zu verpassen, was wichtig ist, um zu leben, anstatt nur die Änderungen im Preis zu visualisieren.

Ambitionen, vom Handel zu leben

Es besteht kein Zweifel, dass der Handel nicht einfach ist, aber es ist ein Traum und ein Ziel für viele, von dieser Tätigkeit zu leben, in einer Situation wie der Covid-19-Pandemie mit so vielen negativen sozialen, finanziellen, gesundheitlichen und anderen Folgen, aber es diversifiziert die Art und Weise, wie Investoren arbeiten.

Aber nach verschiedenen Broker-Analysen werden starke Ergebnisse generiert, die die Präferenz auf diese Art von Investitionen für ihre konstante Verfügbarkeit unabhängig von äußeren Umständen auferlegen, aber jede Bewegung kann einen Alarmzustand auf Ihr investiertes Vermögen verursachen.

Einige Änderungen oder Ratschläge werden erweitert, um die Pandemiephase zu überwinden, ohne dass diese Aktivität zurückgeht. Unabhängig davon, ob sich die Realität vollständig geändert hat, ist es wichtig, die von COVID postulierten Wirtschaftskrisen zu überwinden, da dies ein Faktor ist, der eine große Anzahl von traditionellen Arbeitnehmern betrifft.

Indem Sie von zu Hause aus arbeiten, können Sie Ihre wirtschaftlichen Probleme durch eine technische und taktische Studie lösen, die es Ihnen ermöglicht, die Sicherheitsprotokolle zu nutzen, um mit größerer Freiheit oder Gelegenheit zu investieren, auch in einem Notfall können Sie sich darauf konzentrieren, an dieser Investitionsaktion zu arbeiten.

Der Unterschied der Arbeit aus der Ferne wurde durch die Enge offenbart, weil das Büro in das Haus verlegt wird und im Zustand des Alarms die bequemste Sache zu tun ist, um die Art der Operation zu erhöhen, die Sie ausüben, wenn Sie in cryptocurrencies investieren, so dass die Eröffnung eines Kontos auf Plattformen wie Makler kann den Weg zu Einkommen zu generieren.

Die aktuelle Situation bzw. der Umgang mit Kryptowährungen ist viel größer als in den Vorjahren, nach jedem Broker gibt es eine Statistik über die Veränderung bzw. Beteiligung der einzelnen Jahre, wobei folgende Punkte herausstechen:

1. **Interesse am Handel mit Kryptowährungen**

Die Gründe, warum immer mehr Menschen auf die Welt der Kryptowährungen setzen, liegen darin, dass sie einen solchen wirtschaftlichen Zugang suchen, der signifikante finanzielle Ergebnisse in Bezug auf Skalierbarkeit und Rentabilität produziert, da es 2019 sehr auffällige Liquiditätspositionen gibt.

Obwohl es im Jahr 2020 zu erheblichen Rückgängen bei den solidesten Vermögenswerten kam, wurden die Positionen dann wieder aufgebaut, da viele Anleger dieses Marktfenster nutzten, um zu niedrigen Preisen zu kaufen, und durch Short-Positionen konnten viele Anleger ihre Erträge steigern.

Auf der anderen Seite, der Schub der Pandemie, die Arbeitsplätze begrenzt verursacht viele Einkommen zu beginnen zu verblassen, so dass zur Bekämpfung dieser Entmutigung sie auf finanzielle Freiheit online Hand in Hand mit Kryptowährungen, die mit einigen Investitionen zu erfüllen, um eine Day-Trading ausüben führt wetten.

Diese beiden Ströme von Nutzern, die vom Handel leben wollen, stellen kein einfaches Szenario dar, aber wenn es wirklich vielversprechend ist, ist es erreichbar, wenn Sie sich mehr als die meisten bemühen können, um Einkommen zu produzieren, so dass jeden Tag mehr und mehr Menschen suchen, um zu investieren und ein Konto zu bekommen, um frei zu arbeiten.

2. Vorliebe für den Handel und die Strategie bei Kryptowährungen

Die Veränderungen innerhalb der Märkte ist ein übliches Panorama, basierend auf den Kunden, die Teil von verschiedenen Brokern sind, kann man bemerken, wie es Variablen über ihr Verhalten gibt, zwei klare Ideen über Investitionen durch Vorhersagen und europäische oder nordamerikanische Projekte zu halten, da sie das meiste Potenzial in den letzten Jahren sind.

Aber seit 2021 der ganze Fokus der Investitionen in cryptocurrencies ist auf diejenigen, die in der Welt der Technologie unterstützt werden, da die Pandemie ist ein Punkt der Attraktion von Interesse auf diese Art von Markt, sowie die, die Videospiele, ohne zu verlassen beiseite die sozialen Netzwerke darstellt zentriert.

Fonds und Vermögen sind zu einer weiten Welt von Chancen und Möglichkeiten geworden, davon zu leben, sofern man Strategien oder Erfahrungen in diesem Medium aufrechterhält, denn für einige war es eine völlig undenkbare Art zu leben, aber die Menge der Operationen zeigt den Grad des Interesses.

Die Notierung hinter jedem Markt ist auffallend, deshalb ist es ein gutes Angebot, um ein Gehalt zu erhalten und von dieser Tätigkeit zu leben, es ist eine Anziehungskraft und eine robuste Seite, die sich nicht zu ändern scheint, das Wesentliche ist, sich den Markttrends zu widmen, weil dies Ihnen hilft, einen Fortschritt in Ihrem Leben und vor allem auf einer finanziellen Ebene zu haben.

Wenn der Kampf gegen die Inflation erwähnt wird, müssen Sie sofort alles berücksichtigen, was Kryptowährungen darstellen, es ist eine Verführung, die in jedem sozialen Netzwerk, das Sie besuchen, präsent ist und es ist unvermeidlich, sie zu ignorieren, besonders wenn ein großer Anstieg entsteht und einige Zeugnisse von Gewinnen aus dieser Bewegung veröffentlicht werden.

Die Aussagen von wichtigen Persönlichkeiten wie Elon Musk, haben eine Bestätigung dafür bedeutet, dass dieses Investitionsmedium mehr an Stärke gewinnt.

3. **Der Ausbildungsstand ist für den Zugang zu diesem Medium entscheidend.**

Inmitten der Plattformen, die den Handel mit Kryptowährungen ermöglichen, hat sich gezeigt, dass neue Benutzer mehr Wissen haben, das heißt, es gibt ein Anliegen, Teil dieser Umgebung zu sein und vor allem, um Einkommen zu generieren, neue Händler nehmen ihre Ausbildung ernst und Sie können nicht die Ausnahme sein.

Die Teilnahme an Kursen oder Trainingsprogrammen ist eine echte Chance für Sie, Ihren Lebensunterhalt mit dem Investieren in Kryptowährungen zu verdienen, aber einige mit einem minimalen Niveau oder einer Vorstellung vom Markt können sich mit dem Investieren beschäftigen, um Einkommen zu generieren und es in Kapital sowie Training für sich selbst zu reinvestieren.

Der Betrieb auf eigene Faust beinhaltet eine futuristische Vision, um über Ihre Wachstumsmöglichkeiten zu wachen, dies ist ein Weg zur finanziellen Freiheit, wo Entscheidungen wiegen, es ist ein klarer Wunsch die Option, von diesen Investitionen zu leben, aber es wird nur erreicht, indem man an die Hingabe appelliert, so dass Sie mit mehr als nur grundlegende Konzepte beginnen können.

Was Sie lernen müssen, ist, den externen Faktor zu Ihren Gunsten zu nutzen, wie z. B. die Erforschung einiger Ereignisse oder Starts von wichtigen Unternehmen oder Projekten, die hinter einigen Kryptowährungen stehen, dies gibt Ihnen einen Vorteil, so dass Ihr Kapital eine größere Möglichkeit des Wachstums erwirbt.

Auf der anderen Seite zwingt Sie dieses Medium, mit der Suche nach den günstigsten Änderungen zu leben, denn mit einem Einzahlungs- oder Auszahlungsmodus zu operieren, der nicht günstig ist oder der Inflation ausgesetzt ist, ist ein Start, der Sie in eine schlechte Position bringt, daher muss Ihr Portfolio von Anfang an auf diese Variable abgestimmt sein.

Die häufigste Wette ist die Teilnahme an Seminaren, die die ersten Schritte der Investition in Kryptowährungen unterstützen. Es ist eine Hilfe für Sie, eine einfache Vision zu entwickeln, aber eine Vorbereitung zu erhalten, so dass Sie zumindest eine Basis der Fundamentalanalyse haben, ohne die Folgemaßnahmen, die auf der Finanzwelt zu tun sind, beiseite zu lassen.

Online können Sie auch eine große Menge an Indikatoren finden. Diese Daten sind diejenigen, die es Ihnen ermöglichen, sich der Volatilität zu stellen, was ein Risiko ist, an das Sie sich gewöhnen müssen und das mit jeder Art von Strategien, die Sie entwerfen, enden kann und somit einen direkten Einfluss auf Ihre Finanzen hat.

Der Filter, um zu erkennen, welche Veröffentlichungen wertvoll sind oder nicht, liegt in Ihren Händen. Es ist Teil dieser Macht, offiziellen oder zuverlässigen Quellen zu folgen, das Ziel ist, dass Sie die Indikatoren kennenlernen, denen professionelle Investoren folgen und die Art der Wirkung, die sie auf die Generierung von Einkommen haben.

Die Hilfe, die Sie von den Medien bekommen können, ist positiv, vor allem wenn Sie eine Investitionsstrategie erstellen, ohne den Zugang zu Schulungen, die dieses Feld dominieren, zu verlassen, so dass Sie konkretere Schritte folgen und einen Lebensstil entwickeln können, der von den Kryptowährungen selbst gesponsert wird, das Wesentliche ist, weiter zu arbeiten.

Wie viel müssen Sie generieren, um von Kryptowährungen leben zu können?

Von den Einkünften aus Kryptowährungen zu leben, ist eine Art von Rentabilität, die vor allem Wissen, Intelligenz, Entscheidungsfreiheit, Selbstkontrolle, Kreativität und vor allem Streben nach Produktivität erfordert. Ausgehend von diesen grundlegenden Maßnahmen ist der nächste Schritt die Festlegung von Zielen oder Vorgaben.

Ein Ziel hat direkt mit der Art des monatlichen Einkommens zu tun, das Sie in der Lage sind zu generieren, denn es muss über Ihren Ausgaben liegen, außerdem muss es lebenswert sein und die Investitionstätigkeit zu einem stabilen und konstanten Punkt machen, so dass Sie passives und Residualeinkommen erzielen können, ohne arbeiten zu müssen.

Mit dem Aufstieg der Kryptowährungen, insbesondere des Pioniers Bitcoin, hat sich das Verhalten durchgesetzt, ein Einkommen aufbauen zu wollen, aber um dieses Ergebnis zu erreichen, müssen Sie einige Unterstützungsgrundlagen wie ein monatliches Einkommen haben, dies hilft Ihnen, Ihr finanzielles Vermögen zu erweitern, besonders am Anfang.

Auf die gleiche Weise werden auf dem Markt einige Aktionen entwickelt, deren Ziel es ist, dass Ihre Bitcoins profitabel sein können, über das Warten auf ihre Neubewertung hinaus, denn in der Blockchain-Umgebung gibt es noch viel zu nutzen, wenn es darum geht, Einkommen zu generieren, um davon zu leben.

Jeder digitale Nomade ist derzeit darauf fokussiert, sein eigenes Einkommen auf der Basis von Kryptowährungen zu generieren, aber ohne diese Hürde zu schaffen oder auf einen Kurs zu warten, sondern eher mit bestimmten Alternativen, z.B. ist ein Analysepunkt, dass man, wenn man mindestens 2 Bitcoins besitzt, ein Einkommen von mindestens 6% jährlich haben kann.

Diese Art der Einkommensgenerierung steht über jedem anderen Geschäft, wie z.B. der Vermietung einer Wohnung, aber der Weg dorthin ist eine Summe von Schritten, bei denen man nicht umhin kommt, diesen Markt gründlich zu verstehen, da es sich um einen dynamischen Betrieb handelt, bei dem Sicherungsinstrumente eingesetzt werden und es immer Risiken gibt.

Anstatt einfach nur in eine Investition einzusteigen und wieder auszusteigen, können Sie Währungen als einen wertvollen Vermögenswert visualisieren, unabhängig davon, ob das Projekt oder seine Kapitalisierung vorankommt oder nicht, das Wesentliche ist, die Überzeugung zu haben, auf welche Weise Sie in diesem Umfeld überleben werden, Sie müssen mehr Details über die folgenden Punkte wissen:

- **Der Hintergrund von Bitcoin**

Mehrere Investoren, die dachten, sie könnten von Bitcoin leben, mussten verschiedene Schwierigkeiten überwinden, bis zu dem Punkt, dass sie jedes Element oder Eigentum ihres Reichtums verkauften, um es vollständig in diese Kryptowährung zu investieren, was sie als wahre digitale Nomaden klassifiziert, weil sie als Ergebnis dieser finanziellen Entscheidung einen einfacheren Lebensstil haben.

Diese Art von Position verlangt, nicht in die Zukunft zu blicken oder besessen zu sein, sondern über einen viel einfacheren Lebensstil mit einer alltäglichen Herangehensweise nachzudenken, es ist Zeit, eine Pause zu machen und Orte zu besuchen, dies wird ihnen erlauben, Bitcoins zu sparen und gleichzeitig mit ihrem Leben weiterzumachen.

Mit nur einem Wohnmobil und einer Reisegruppe unternahm diese Art von Wagemutigen einen anderen Lebensstil, ohne das Thema einer Depression durch Bitcoin-Fälle oder viel weniger zu berühren, dieser Lebensstil erlaubte vielen

Benutzern, eine Art von Inflation zu überwinden, die ihr Land durchlief.

Das Beste ist, dass Sie einen Lebensstil beibehalten, der die Ausgaben nicht eskalieren lässt, denn mit Kryptowährungen können Sie eine viel ehrgeizigere Vision haben und die Ausgaben in die Höhe treiben, während es in Wirklichkeit eine Art der Einkommensgenerierung ist, die Geduld und Zeit braucht, damit sich Ihr Geld vervielfachen kann.

Der Vorteil ist auch, dass Sie sich von dem System lösen, um für Sie und für Sie zu arbeiten, die ersten paar Monate können komplex sein und es ist machbar, ein traditionelles monatliches Einkommen zu verwenden, aber dann müssen Sie den großen Schritt machen, nur Kryptowährungen und Kryptowährungs-basierte Strategien zu verwenden, bis hin zur Verwendung von Krypto-Finanzprodukten.

Die kommerzielle Akzeptanz von Kryptowährungen hilft auch sehr dabei, dass man nicht übermäßig viel umsteigen muss, aber das bedeutet in der Regel ein Leben voller Wetten, obwohl man, um großen Reichtum zu generieren, bereit sein muss, alles auf seine Idee zu setzen und mit dem Gedanken zu leben, zu verlieren.

Sich auf diesem Risikoniveau zu befinden, bewirkt bei vielen Menschen, dass Geld für sie nicht den gleichen Wert hat, denn die Bereitschaft, alles für eine bessere Zukunft zu verlieren, hilft einem, sich nicht zu sehr zu sorgen oder übereilte Entscheidungen zu treffen, ohne darüber nachzudenken, was in der Zukunft kommen wird, weil es kompliziert ist, darauf zu antworten.

Es ist eine sehr langsame Reise, bei der man seine Grenzen kennt, aber es ist auch eine Alternative, sich für wohltätige Zwecke zu schälen und sowohl die freie Zeit als auch das Geld für ein viel nützlicheres Ziel zu verwenden. Die Möglichkeit, ein digitaler Nomade zu sein, liegt hinter dem Investor, denn es gibt viele Möglichkeiten, Einkommen zu generieren und von diesem Vermögen zu leben.

Einige Empfehlungen, wie man mit Kryptowährungen seinen Lebensunterhalt verdienen kann

Die Verwendung von Kryptowährungen nimmt immer mehr Regionen der Welt ein, es ist ein Phänomen, das genutzt wird, um Wirtschaftskrisen zu begegnen, ohne zu vergessen, dass es ein stabiles Mittel ist, um einige Verwüstungen wie im Falle einer Pandemie zu überstehen, da alles digital verwaltet wird und ein Vorteil ist, der nicht übersehen oder abgetan werden sollte.

Digitale Zahlungen sind der Trend des Augenblicks, aber sie sind finanzielle Fragen zu untersuchen und zu beraten umfassend, so dass Sie zu bekommen, um die Gewinne, die Sie erwarten, mit einigen Tipps können Sie auf diese finanzielle Front, die ein Risiko oder eine Herausforderung für jeden darstellt, aber mit großen Belohnungen dazwischen anzupassen.

Kryptoassets von den Nutzern besetzt überschreiten 50% des Maklers, dank der Tatsache, dass es als ein Mittel der Investition beobachtet wird, um Einkommen zu generieren, hat dies auch mit den Änderungen von jedem Vermögenswert postuliert zu tun, wie einige Ergebnisse markieren einen Anstieg in dieser Investition Trend.

Wie bei jeder Art von Investition gibt es einige Risiken, mit denen man leben muss, um sich an Transaktionen mit diesen digitalen Vermögenswerten zu wagen, da Kryptowährungen ein erhebliches Maß an Ausbildung oder Training erfordern, vor allem, um den Höhepunkt des Betriebs und der Anerkennung der Vorschriften dieses Mediums zu bewältigen.

Um an diesem volatilen Umfeld teilzuhaben, sollten Sie die folgenden Empfehlungen berücksichtigen, um auf die beste Art und Weise auf digitale Währungen zu setzen:

1. **Seien Sie vorsichtig bei Versprechungen von überhöhten Gewinnen.**

Einige Empfehlungen zu vermeiden oder zu ignorieren ist vorteilhaft, weil sie Ihnen zu viel versprechen können, und am Ende ist es ein totaler Betrug, das ist, weil verschiedene Plattformen riesige Versprechen im Austausch für eine kleine Investition in Vermögenswerte wie Bitcoin, Ethereum und auch auf Binance Coin ausgeben.

Die Rückgewinnung Ihrer anfänglichen Investition mit schnellen Gewinnen ist nicht etwas, das aus heiterem Himmel geschieht, es ist am besten, Experten zu folgen, bevor man eine Investition auf der Grundlage von Ratschlägen tätigt, ohne dabei außer Acht zu lassen, dass diese Art von Vermögenswerten auf lange Sicht eine viel produktivere Option darstellt, um Marktchancen zu nutzen.

Auf der anderen Seite, die Aufmerksamkeit auf einfache Benutzer, die ein Konto auf cryptocurrencies erstellen können Sie in ein Risiko fallen, betrogen zu werden, das ist, warum viele Male, die sie versprechen, Sie ideale Geschäfte auf cryptocurrencies basiert, aber sie sind ein Betrug, die nicht verdoppeln Ihren Verdienst, sondern nur wollen, um für falsche Empfehlungen bezahlt werden.

2. Legen Sie nicht alle Ihre Ressourcen frei

Wenn Sie die Möglichkeit haben, in Kryptowährungen zu investieren, zögern Sie nicht, dies zu tun, um diese Art von Markt kennenzulernen, bis Sie alles entdecken, was er zu bieten hat, aber wenn Sie begrenzte Ersparnisse haben und in Kryptowährungen investieren wollen, müssen Sie vorher akzeptieren, dass Sie mit Angst leben werden, aufgrund der Art von Schwankungen, die der Preis dieses Vermögenswertes durchläuft.

Die Kryptowährungslandschaft ist unter einer absoluten Abhängigkeit von Spekulation sowie der Grad der Volatilität, daher ist die am besten geeignet, für eine diversifizierte Investition zu appellieren, weil auf diese Weise können Sie eine sicherere Investition zu erhalten, während andere täglich ein viel höheres Risiko gegenüber.

Es ist wichtig, dass Sie nicht das ganze Geld, das Sie nicht bereit sind zu verlieren, zuweisen, also sollten Sie nicht 100% Ihres Kapitals für diesen Zweck zuweisen, da die finanziellen Auswirkungen unkontrollierbar sind, außerdem wird es ein emotionaler Zustand sein, der Ihnen nicht erlauben wird, gute Entscheidungen zu treffen, was die Möglichkeit eines schrecklichen Ergebnisses erhöht.

3. Sie haben keinen Rechtsschutz

Diese Art von virtuellem Handel hat keine legale Unterstützung, daher beinhaltet die Entscheidung, Teil dieser Welt zu sein, die Annahme dieser Idee, um sich bewusst zu sein, dass diese Situation ein Risiko darstellt, zusätzlich dazu, dass es sich um einen sehr volatilen Markt handelt, so dass es, um die entsprechenden Schritte zu unternehmen, unerlässlich ist, Kenntnisse über dieses Medium zu haben.

Kryptowährungen erfordern einen beträchtlichen Einsatz von Zeit, da in der Vollzeit diese Kette von Bemühungen ist, was Gewinne erzeugt, vor allem zu lernen, ruhig zu bleiben und angesichts eines Rückschlags aufzustehen, ohne die ganze Zeit zu verlieren.

4. Studieren Sie im Voraus die Förderung hinter jeder Kryptowährung

Anstatt blind in Kryptowährungen zu investieren, sollten Sie jedes Detail derselben berücksichtigen, vor allem, weil einige

Websites bösartige Inhalte platzieren, nur um Menschen anzulocken, auf die gleiche Weise sollten Sie auf Ihre finanziellen Daten achten, da es sich um eine sensible Art von Informationen handelt, die Sie nicht teilen sollten.

Vor jeder Entscheidung können Sie die Kommentare lesen, während Sie jeden Aspekt untersuchen, der sowohl das Unternehmen als auch die Kryptowährung intrigieren lässt, so dass Sie vermeiden können, in einen Betrug zu fallen, in der Suchmaschine können Sie einige Schlüsselsuchen wie Beschwerden oder andere eingeben, um Ihnen zu helfen, ihren Ruf zu messen.

Es besteht kein Zweifel, dass das Thema Kryptowährungen wächst und wegen der möglichen Gewinne an Stärke gewinnt, aber es ist schwierig zu bestimmen, ob es in Ihrem Fall gut ist oder nicht zu investieren, da es ein Markt ist, der ständig Unsicherheiten ausgesetzt ist, aber viele Austauschplattformen produzieren Vereinbarungen mit traditionellen Banken.

Allgemeine Erfahrungen mit dem Leben von Kryptowährungen

Hinter den verschiedenen Arten des modernen Lebensstils verbergen sich Geschäfte aller Art, die auf dem digitalen Zeitalter basieren, wie z. B. bezahlte Stellen und andere, die zum Lebensunterhalt vieler Familien werden, als Teil eines unvorstellbaren Ergebnisses eines Teils der digitalen Transformation.

Aber eine beliebte Form der Zahlung unter Online-Job-Liebhaber ist durch cryptocurrencies, ist es eine gemeinsame Situation, die von einer großen Anzahl von Nutzern konfrontiert, in lateinischen Ländern ist dies eine ideale Alternative, weil es hilft, von jeder Art von Inflation, die vorhanden ist zu überleben.

Die Gewinne und Ersparnisse werden in Kryptowährungen umgewandelt, um zu überleben und die wirtschaftlichen Komplexitäten zu überwinden, daher sind die Erfahrungen als Zahlungsmittel wirklich positiv, sie haben eine universelle Verwendung, seit einigen Jahren haben sich Kryptowährungen konsolidiert.

An bestimmten Punkten kann man denken oder feststellen, dass der Wissensstand noch im Rückstand ist, gerade weil es sich um einen Markt mit hohen Anforderungen an den richtigen Umgang mit dem Geld über Kryptowährungen handelt, sollten alle Zweifel im Vorfeld ausgeräumt werden.

Wege zum Sparen und Leben von Kryptowährungen

Jenseits jeglicher Statistiken ist es heutzutage regelmäßig und häufig, mit Kryptowährungen zu kaufen, zu sparen und vor allem zu leben, es ist Teil der digitalen Realität, die wir leben und nach und nach hat es sich weltweit verbreitet, sowohl Einzelpersonen als auch Organisationen setzen auf die Mobilisierung und den Handel mit Kryptowährungen.

Das Ökosystem der Zahlungen mit Kryptowährungen kann sogar mit der Zahlung von Boni für Mitarbeiter verbunden werden, dies erzeugt einen sehr wichtigen globalen Effekt in großen Ländern wie Spanien und den Vereinigten Staaten, aber gleichzeitig führt dieses Niveau der Nutzung zur Entstehung von Steuern, als eine neuartige wirtschaftliche Bewegung.

Das moderne Kryptowährungssystem ermöglicht es, durch den Wert dieses Vermögenswertes zu leben, zu kaufen und sogar zu sparen, es ist eine Realität, die auf vielen Zeugnissen Sinn macht, es gibt auch Anlass zu anderen alternativen Dienstleistungen wie Kryptowährungsverwahrung, um diese Art von Investitionen zu schützen, da es eine erlaubte Aktivität ist.

Die Alternativen, um Ihr Einkommen oder Vermögen zu kümmern, sind vielfältig, dies ist eine Probe der Expansion, die dieses Medium erhält, wo zusätzlich zu allem, was Sie einen zuverlässigen Gateway zwischen Krypto und Fiat erhalten müssen, innerhalb des Austauschs ist, dass Sie die Funktion der Ausgaben, Sparen und sogar Kreditvergabe erhalten können, dank der Akzeptanz dieses Vermögenswertes.

In der gleichen Weise diese Art von Besitz ermöglicht es Ihnen, sich zu unterhalten und erwerben alles, was Sie brauchen, das Wichtigste ist, dass Sie cryptocurrencies für alles, was Sie wollen, so ist es eine Art von Investitionen, die Sie an Ihren Fingerspitzen zu verlassen und geben Sie, wenn Sie sehen, passen, ist dies aufgrund der beschleunigten Tempo, bei dem cryptocurrencies bewegen.

Die heutige ATM-Verwaltung ermöglicht es Ihnen, Transaktionen mit Kryptowährungen durchzuführen, dies ist Teil der globalen Optionen, die Sie mit Kryptowährungen durchführen können, unter einer großen Anzahl von Anbietern, die Bitcoins kaufen und verkaufen, um Bargeld bereitzustellen.

- **Kaufen Sie Kryptowährung zum Sparen und Leben**

Die Finanzierung Ihres Lebensstils hängt nicht nur von der Kunst ab, sondern auch von der Beschaffung von Verbindlichkeiten und Vermögenswerten, deshalb können Kryptowährungen Ihnen diese Alternative bieten, indem Sie einfach einen Kredit aufnehmen, so dass Sie mit dem Investieren, Handeln und Ausgeben beginnen können, auch wenn Sie nicht so viel Wissen erwerben oder sich auf dieses Medium einlassen wollen, können Sie ein Kreditgeber sein.

Es ist eine Tatsache, dass Kryptowährungen bieten verschiedene Modalitäten zu leben und zu speichern, dank dieser Vermögenswerte, wo Sie müssen auch den Einfluss der Staking, um die Mittel mittels einer Brieftasche zu halten, so dass die Vermögenswerte sind in ständiger Einkommen Produktion.

All diese Arten von Prozessen mögen für viele neu sein, es ist auch wahr, dass es ein hohes Maß an Risiken und rechtlichen Schlupflöchern gibt, die Ihnen im Falle eines Fehlers oder Irrtums zum Nachteil gereichen könnten, so dass jede

Aktion Sorgfalt und extreme Wachsamkeit bei der Bedienung oder Ausführung von Transaktionen erfordert.

Aber im Vergleich zum traditionellen Finanzsystem erhöht diese Infrastruktur Ihre Chancen, ein höheres Einkommen zu generieren, vor allem aber die Freiheit der Wahl zu haben, während Sie bei herkömmlichen Währungen der Inflation durch wiederkehrende Krisen weltweit ausgesetzt sind.

Die Welt der Kryptowährungen ist ein aktives Ökosystem, aber gleichzeitig hängt es von kleinen Details ab, es ist ein Schritt in Richtung vieler neuartiger Optionen, aber es gibt keinen Zweifel daran, dass es eine Realität ist, mit Hilfe von Kryptowährungen zu leben und zu sparen, es ist eine Industrie, die in einer Evolution nach der anderen lebt.

Die digitale Transformation ist auf dem Vormarsch, um der Krypto-Community mehr Bequemlichkeit zu bringen, jede Innovation ist eine Möglichkeit für Sie, Ihr Vermögen von innen zu verwalten, es ist eine Art von finanzieller Disruption, die wichtige Qualitäten hat, um die Welt zu verändern.

Das dezentrale Finanzwesen steht heute im Mittelpunkt, denn es ist ein zukunftsweisender Trend, der sich immer stärker entwickelt und einen Grad der Konsolidierung erreicht, den nur wenige für möglich hielten.

Die Fähigkeiten, um vom Kryptowährungshandel zu leben

Vom Kryptowährungshandel zu leben ist eine Realität, die immer mehr Menschen erreichen, bis hin zur Haupteinkommensquelle, aber es ist falsch, dass es ein einfacher und luxuriöser Lebensstil in kurzer Zeit ist, im Gegenteil, es erfordert einen Prozess der Konsolidierung und konstanten Einkommensgenerierung.

Der Lebensstandard ist nicht exklusiv, sondern deckt alle Konten, ist Teil einer der Vorteile des Handels vor allem unter seiner Entfernung Modus ist als eine Chance konzipiert, aber das durchschnittliche Leistung ist nicht einfach oder flüchtig, es ist alles über einen Prozess, der Ihnen erlaubt, die notwendigen Fähigkeiten, um einen Lebensunterhalt von einer solchen Tätigkeit zu erwerben.

Ohne bestimmte spezifische Handelsfähigkeiten wird es nicht möglich sein, ein Einkommen zu generieren, das Ihnen Sicherheit bietet. Die grundlegenden Fähigkeiten, um vom Kryptowährungshandel zu leben, sind die folgenden:

- **Setzen Sie sich ein echtes Ziel**

Das Erste ist, sich ein Ziel zu setzen, das erreichbar ist. Dafür müssen Sie nur ehrlich oder transparent mit sich selbst sein, denn wenn Sie wissen und berücksichtigen, wie viel Selbstkontrolle Sie haben, werden Sie in der Lage sein, auf einige Situationen oder Zweifel zu reagieren, die bei dieser Art von Investition auftreten können.

Normalerweise sollten Sie klären, was Trading für Sie bedeutet, auch wenn Sie sich diesem Beruf in Vollzeit widmen und die traditionelle Arbeit verlassen wollen, sobald dies positiv und negativ ist, ist die nächste Sache, weiterhin Ziele zu schaffen, die konsequent sind, wie es sich herausstellt, eine tägliche Lernzeit dem Trading zu widmen.

Inmitten dieses Trainingsprozesses ist volles Engagement erforderlich, ohne aufzuhören, über dieses Feld oder Medium zu lesen, ob über den Handel, Kryptowährungen und den Markt im Allgemeinen, das sind Informationsgrundlagen, von denen man sich nicht wegbewegen kann, das Ratsamste ist, dass dies nicht über die erzielten Gewinne verfällt.

Darüber hinaus kann ein guter Trading-Text Ihr bester Verbündeter werden, denn er stärkt das Niveau der Psychologie und ermöglicht es Ihnen, eine Strategie zu entwerfen, die Ihren Interessen entspricht, das macht jeder Anfänger, wie auch Experten, da es Gewohnheiten sind, die Sie nicht verlieren sollten, Lernen ist kontinuierlich, ob Sie Ergebnisse sehen oder nicht, dies ist das Mittel, um Ihre Karriere zu verbessern.

Damit Kryptowährungen ein profitables Medium sind, müssen Sie Bildung in eine konsequente Handlung verwandeln, Sie müssen es wirklich mögen, so dass Sie den ganzen Prozess mit Leidenschaft machen und nicht nur auf das Ergebnis angewiesen sind, besonders wenn es von einem sich ändernden Markt wegen der Art der Volatilität abhängt, können Sie diese Handlungen durchführen:

1. **Erstellen Sie einen Plan und brechen Sie ihn nicht**

Der Entwurf einer Strategie ist eine Verpflichtung an sich, aber wie bei jeder Investition müssen Sie verschiedene Modalitäten ausprobieren, bis Sie einen endgültigen Punkt erreichen. Sie können auf einen besseren Plan als einen anderen stoßen, aber das Wesentliche ist, dass Sie sich an keinen Plan halten, das heißt, die erste Regel, die Sie nicht brechen sollten, ist das offene Experimentieren.

Sie müssen sich an den Plan halten, Strategien zu testen, sowie bereit zu sein, sie zu ändern, unabhängig davon, ob es ein gutes, schlechtes oder regelmäßiges Ergebnis war, das Wichtigste ist, eine Analyse jedes Ergebnisses durchzuführen, die Absicht ist, dass Sie kein Geld verlieren, ohne eine legitime Reaktion, so ist es Ihre Pflicht, an Ihre Disziplin zu appellieren.

Der Wille, in einem volatilen Markt auf den Beinen zu bleiben, erfordert diese Art von Fokus, sich an den Buchstaben einer Strategie zu halten, die von soliden Ergebnissen begleitet wird.

Die Bildung eines Handelsplans ist direkt mit Ihrem Persönlichkeitstyp verbunden, sowie mit dem Niveau der Routine, die Sie leben, auf diese Weise können Sie bequem handeln, ohne eine negative Anhaftung, aber eine Disziplin, die den Komplikationen treu bleibt, wenn es sich um Pläne handelt, die Ihnen nachweisbare Ergebnisse gebracht haben, das ist der Weg, um Gewinne zu ernten.

2. Verwaltet Kapital- und Risikoniveau

Wenn Sie in den Kryptowährungshandel investieren wollen, um davon zu leben, müssen Sie einen Geldbetrag festlegen, da dies das ist, was Ihnen den Betrieb ermöglicht und gleichzeitig das Werkzeug ist, durch das Sie die Transaktionen aufrechterhalten werden, ohne die Bestimmung des Kapitals werden Sie nicht in der Lage sein, jede Art von Betrieb durchzuführen.

Die Arbeit und das Management von Kryptowährungen basiert auf Ihrem Kapital, und das nächste, was zu tun ist, ist zu versuchen, es um jeden Preis zu schützen, denn wenn Ihr Kapital gekürzt wird, werden Sie nicht in der Lage sein, in diesen Investitionen am Leben zu bleiben, ist es wichtig, auf die Schritte zu achten, die Sie unternehmen und das Risiko, das Sie eingehen, sonst können Sie Ihre ersten Erfahrungen lapidar machen.

Es gibt nur einen Weg, um erfolgreich zu sein und unbeschadet aus den Märkten herauszukommen, und die Antwort basiert auf dem schrittweisen Erzielen von Einkommen, während das Risiko bei jedem Schritt des Weges gemanagt wird, wobei Geduld die wichtigste Ressource ist.

Am Anfang können Sie nur 0,5$ für jede Transaktion verdienen, z.B. im Falle eines Tageshandels entwickelt sich das ungefähr bis zu 5 oder 8 Transaktionen, aber auch in diesem Maß müssen Sie akzeptieren, dass nicht alle von ihnen herauskommen oder positiv enden, und wenn Sie keine Risikokontrollmethode kennen, können Sie mehr verlieren als Sie verdienen.

Aber durch die Beherrschung dieser Ebene des Risikobewusstseins, können Sie sich auf eine andere Ebene des Gewinns zu öffnen, vor allem, wenn Sie auf die Verwendung von 2% StopLoss setzen, diese Art von Maßnahme hilft Ihnen, nicht mehr als 2% von dem, was Sie generiert haben, zu verlieren, das ist wichtig, weil Sie immer in Verlustgeschäfte aufgrund der hohen Volatilität laufen werden.

Der prozentuale Anteil an den Gewinnen der Menschen muss allmählich steigen, wobei es entscheidend ist, dass die Verluste nicht größer werden und vor allem, dass das Kapital wachsen kann, bis eine signifikante Gewinnrate aufgebaut ist, da das erwirtschaftete Geld am Ende einen höheren Prozentsatz an Geld anzieht.

3. Weitere Empfehlungen, die zu beachten sind

Bevor Sie in die Welt der Kryptowährungen eintauchen wollen, müssen Sie berücksichtigen, dass im Internet ein völlig falsches Bild dieses Mediums verkauft wird, denn dort werden in der Regel die positiven Faktoren des Handels veröffentlicht, was dazu führt, dass sich mehr Menschen mit dieser Aktivität beschäftigen wollen, ohne jedoch auf die Risiken einzugehen.

Trading und ein Trader zu werden ist nicht nur eine Selbstdarstellung, um Investitionen zu haben, die es Ihnen erlauben, davon zu leben, müssen Sie viel mehr tun, so dass die Ergebnisse Ihrer Operationen das sind, was Sie definieren, der Rest ist Vermutung in diesem Bereich, vor jedem Wunsch zu betreiben können Sie diese Tipps berücksichtigen:

- Seien Sie nicht in Eile, um ein erfolgreicher Investor in der Welt der Kryptowährungen zu werden, da diese Art von Eile keine guten Ergebnisse hinterlässt, noch wird sie Ihnen erlauben, in einem fortschrittlichen Umfeld voranzukommen, besonders wenn Sie nicht Ihr ganzes Kapital diesen Aktivitäten aussetzen wollen.
- Sie sollten nur in die Märkte investieren, die Sie wirklich kennen und auf denen Sie bereit sind, zu verlieren, auch wenn dies nicht die Absicht ist, ist dies zweifelsohne ein Ergebnis, mit dem Sie umgehen müssen, um profitabel zu werden.
- Es ist wichtig, dass Sie davon ausgehen, dass man als Trader lernen muss, mit einigen Verlusten zu leben, niemand ist von dieser Art von Ergebnissen ausgenommen, es ist ein Geschäft, in dem Verlieren möglich ist, und sobald Sie es annehmen können, können Sie es wagen,

weiter zu lernen und den Plan zu finden, der Sie am besten repräsentiert.
- Es ist völlig falsch, dass es beim Trading darum geht, das Ergebnis dessen, was auf einem Markt passieren wird, zu erraten. Der Trader hat vielmehr die Aufgabe, eine Funktion auszuführen, um niedrige Preise oder Marktbewegungen auszunutzen, aber er ist auf keinen Fall ein Wahrsager oder versucht, mit dem zu kämpfen, was der Markt vorgibt.
- Es besteht kein Zweifel, dass der Schlüssel in der Art der Ausbildung liegt, die Sie erhalten, ohne zu vergessen, Schritte zu unternehmen, die es Ihnen erlauben, näher an dem zu sein, was auf dem Markt passiert, dies wird als Vorbereitung bezeichnet, so dass Ihr Konto und Ihr Einkommen es Ihnen danken werden.

Das reguläre Gehalt der Krypto-Welt

Eines der wichtigsten Portfolios von Gehältern oder Anleihen sind heute Kryptowährungen, sie sind eine optimale Maßnahme, um eine Art und Weise des Lebens oder der Durchführung von Ausgaben zu bauen, bis zu dem Punkt, eine Unterstützung für Ihren Ruhestand zu schaffen, alles dank der Entscheidung, durch diese digitalen

Vermögenswerte zu investieren, auch wenn sie die riskantesten im Vergleich zu anderen Märkten sind.

Der Aufbau einer Wallet auf der Basis von Kryptowährungen ist eine volle Chance für Ihr Einkommen zu erhöhen, dafür müssen Sie einen guten Monat erreichen, zum Beispiel, oder was gleichermaßen als eine Periode von guten Entscheidungen übersetzt wird, da es der beste Weg für Ihre Wallet ist, stark zu sein.

Das entscheidende Ziel im Umfeld von Kryptowährungen ist es, Stabilität zu erreichen. Bevor Sie beginnen, können Sie auf ein progressives Experiment setzen, es geht darum, regelmäßig in diesen Vermögenswert zu investieren, aber Sie sollten die folgenden Regeln kennen, die Sie heutzutage beachten sollten:

- Investieren Sie über eine bestätigte Option wie Binance, da es einer der stabilsten Märkte weltweit ist und eine große Anzahl von Kryptowährungen beherbergt.
- Jeden Monat können Sie einen Betrag von etwa 60 Euro in Kryptowährungen investieren, als einen der ersten Schritte, um zu wachsen und in diesem Markt ohne wirtschaftliche Hindernisse zu starten.

- Investieren Sie die Hälfte des Geldes in stabile und konsolidierte Kryptowährungen wie z.B. Bitcoin, dies funktioniert als fliegendes Vermögen, das Ihnen helfen kann, in diesem Markt zu überleben.
- Neben einer stabilen Währung können Sie drei weitere auswählen, auf die Sie mindestens von Anfang bis Ende des Jahres eine Investition tätigen können.
- Auf der anderen Seite, wenn Sie mit Kryptowährungen bezahlen, müssen Sie die Einlagen in Binance visualisieren, das ist die Klassifizierung, die diese Art der Bewegung haben muss.
- Am Ende eines Zeitraums müssen Sie entscheiden, ob Sie andere Kryptowährungen in das Portfolio aufnehmen können.
- Das Ziel oder der Schwerpunkt dieser Art von Investition erstreckt sich über bis zu 10 Jahre.

Es besteht kein Zweifel, dass die Investition in Kryptowährungen ist eine günstige Option, um über den Ruhestand zu denken, da es bietet hervorragende Ergebnisse zu betrachten, diese Alternative ermöglicht es, die Verluste, die vor allem im ersten Monat erzeugt werden zu kompensieren, auch Sie werden den Bonus der Berufung auf stabile Währungen haben.

Die Vorzüge eines jeden Monats stehen hinter jedem Erfolg, eine der vielversprechendsten Wetten ist heute Cardano, alles im Allgemeinen ist eine titanische Arbeit, um die besten Investitionsmöglichkeiten zu finden, und dann ist es, dass Sie die Ergebnisse messen können, um den Anstieg jedes Prozents zu beobachten.

Die Aufzeichnung des gewonnenen Prozentsatzes ermöglicht es Ihnen, die psychologische Barriere zu kontrollieren, da Sie nach jeder Zahl bemerken, dass es Ihnen gut geht, der Impuls, dass Sie nicht verlieren sollten, ist, die Verlustspanne in Schach zu halten, die Ergebnisse dienen als Bewertung, um das Kryptowährungsportfolio zu messen oder zu ändern.

Es ist typisch, dass Sie rund 60 Euro für irgendeine Art von Kauf ausgeben, wenn Sie dies tatsächlich über eine Kryptowährungs-Brieftasche zuweisen können, die für Sie profitabler sein kann, so dass der Schritt zu folgen, bis sie eine volle Gewohnheit werden, ist die folgende:

- **Kryptowährungseinlagen**

Es ist üblich, Kapital durch Kryptowährungen einfrieren zu wollen, solche Einlagen sind als idealer Weg bekannt, um Zinsen zu ernten, dies ist zu akkumulieren und haben eine

Art von Abonnement, das automatisch positioniert ist, so ist es ein kontinuierlicher Vorteil.

Die Betonung bei dieser Maßnahme liegt darauf, dass Sie nach ein paar Monaten wichtige Gewinne erzielen können, denn wenn Ihr Portfolio anfängt, richtig zu funktionieren, werden Sie sich mit der Art von Einkommen wiederfinden, die es Ihnen ermöglicht, besser zu leben, bis Ihr Kontostand einen optimalen Punkt erreicht.

Ruhestandssparen in Kryptowährungen

Viele Länder in der Welt investieren und nehmen mit größerem Vertrauen einen Fonds für Kryptowährungen bestimmt, dieser Punkt ist wichtig, um Liquidität in der Zukunft zu haben, ist dies aufgrund der rechtlichen Unterstützung, dass einige wichtige Vermögenswerte wie Bitcoin erhalten haben, da das klassifiziert es als eine Möglichkeit der finanziellen Sicherung.

Im Finanzsektor ist der Platz, den Kryptowährungen einnehmen, ein Privileg, deshalb können sogar Rentenfonds dank dieser Art von Vermögenswerten aufrechterhalten werden, wo Sie die Art von Währungen, die Sie in Ihren Investitionsplan aufnehmen, diversifizieren können, es ist ein besseres

Angebot für seine Amplitude im Vergleich zu den traditionellen.

Die meisten Bestände werden in Kryptowährungen deklariert, damit sie im Laufe der Zeit nicht an Wert verlieren. Die meisten Unternehmen entscheiden sich für diesen Weg, ihr Vermögen auf Kryptowährungen zu platzieren, um die anhaltende Wertsteigerung der jeweiligen Währung als zusätzliches Motiv zu nutzen.

Es ist sichtbar, dass Sie wichtige Gewinne des ersten Niveaus generieren können, wenn Sie angeben, dass Ihre Fonds oder Kapitalien auf diesen digitalen Währungen sind, außerdem ist die Handhabung des Geldes mittels dieses Weges einfacher, im Falle des Bitcoin zum Beispiel ist es ein Vermögenswert, der jene Wertreserve besitzt, die der Ruhestand benötigt.

Im Vergleich zu einem Rohstoff hat diese Art von finanzieller Alternative eine bessere Chance, langfristig zu überleben, weil die Investition Zinsen einbringt und Sie glücklich macht, wenn es eine Aufwärtsbewegung innerhalb des Marktes gibt, Bitcoin kann nicht diskontiert werden, weil es mehr Marge als Gold gewonnen hat.

Anstatt nur traditionelle Vermögenswerte wie Anleihen und Aktien zu haben, werden nun auch Kryptowährungen einbezogen. Durch den Aufbau eines Portfolios ist es möglich, Teil der positiven Bewegungen des Marktes zu sein, Investitionen rund um diesen Vermögenswert erzeugen ein sehr günstiges Zukunftsschema.

- **Spekulation und das legitime Vermögen hinter Kryptowährungen**

Abgesehen von der Befriedigung, die das Investieren in Kryptowährungen erzeugen kann, kann die Umwandlung dieser Währung in einen Rentenfonds riskant sein, aber gleichzeitig ist es eine Entscheidung, die bessere Dividenden generiert, die Akzeptanz der Beteiligung Ihrer Fonds in einem spekulativen Umfeld ist eine Überzeugung, die angenommen werden muss.

Bitcoin als Wertaufbewahrungsmittel mag übertrieben sein, vor allem, da der Preis volatil ist, aber langfristig ist es eine Lösung, die man in Betracht ziehen sollte, das geht einfach gegen einige konservative Haltungen, aber es ist immer noch ein Trend, der Interesse über jeden traditionellen Rentenfonds gewinnt.

Hinter den Verhaltensweisen, die mit dieser Art von Markt verbunden sind, verbirgt sich eine sehr auffällige Marge für Unternehmen mit großem Namen, die Teil dieses Mediums sein wollen. Diese Art von Nutzen gegenüber Ihrer Pensionskasse wurde von Tesla, Square und vielen anderen gewählt.

Die Vermögensanlage ist gleichzeitig eine Legitimationshilfe, da es sich um einen hochmobilen Finanzmarkt nicht nur im Heimatland, sondern weltweit handelt.

Kauf von Kryptowährungen als Sicherheit auf dem Weg zur Rente

Die Durchführung von Operationen mit Bitcoins, zum Beispiel, kann Ihnen in den nächsten 10 Jahren einen bedeutenden Ruhestandsfonds hinterlassen, daher werden Kryptowährungen empfohlen, um profitable Investitionen auszuüben, die Option und die Funktion, ein Kryptowährungshändler zu sein, ist ein Muss für Sie, um eine viel stärkere Zukunftsvision zu haben.

Der Optimismus, der über cryptocurrencies existiert, ist auf seine Aufwertung verankert, es ist der Hauptgrund, warum alle Arten von Investoren widmen ihre Mittel in cryptocurrencies, es ist ein gangbarer Weg aus vor allem zu schützen Sie sich gegen einige spezifische wirtschaftliche Situationen, die Sie leben.

Über einige finanzielle Situationen stellt es auch eine großartige Alternative dar, um Ihr Vermögen mittel- und langfristig zu vervielfachen. Auf der Ebene von Ländern, in denen ihre lokale Währung schwach ist, gibt es nichts Besseres, als sich für einige finanzielle Varianten zu entscheiden, die widerstandsfähig sind, wie es bei Kryptowährungen der Fall ist, besonders bei den stabilen.

Am ratsamsten ist es, mit einem kleineren Betrag in die wichtigsten Kryptowährungen zu investieren. Falls Sie eine Altersvorsorge suchen, können Sie sich für Bitcoin oder Ethereum entscheiden, aber Sie sollten damit beginnen, minimale und unnötige Ausgaben zu reduzieren, um dann dazu überzugehen, diese kleinen Beträge in Kryptowährungen zu investieren, damit es sinnvoll ist.

Die Absicht, sich für eine kontinuierliche Neubewertung von Kryptowährungen zu entscheiden, ist ein Weg, um Kräfte oder Möglichkeiten zu haben, in der Zukunft zu reagieren. Die Entscheidung großer Investoren für diese Option ist ein weiterer Beweis für die Macht solcher digitalen Vermögenswerte, und ihre Bewegungen sind diejenigen, die

Druck auf das Angebot und den Preis solcher Vermögenswerte erzeugen.

Die Bewertung hinter dieser Art von Vermögenswerten ist ein Parameter, den Sie verwenden können, um zu entscheiden, die Entwicklung ist klar, hinter dem Namen jeder Kryptowährung gibt es ein Projekt, das ein lebensfähiges Wachstumspotenzial hat, das ist eine Idee, sich damit zu beschäftigen, so dass die Vermögenswerte, die Sie besitzen, einen anderen Wert im Laufe der Zeit erwerben können.

Altersvorsorgepläne auf Basis von Kryptowährungen entworfen

Verschiedene seriöse Unternehmen geben einen Ruhestandsplan heraus, innerhalb dessen Bitcoin weit verbreitet ist, und in dieser Art von Bedarf helfen einige Unternehmen und fördern die Bildung eines Ruhestandsplans mit Potenzial gegen Bezahlung, um ihren Rat zu erhalten, um Ihre Zukunft zu sichern.

Die meisten der erstellten Portfolios werden von den besten Spielen bewacht, so dass ein Mitarbeiter, wenn er in Rente geht, über einen ganzen Fonds verfügen kann, der für die Zeit seiner Arbeit Zinsen erwirtschaftet hat, während das

Vermögen auf die ausgewählten Vermögenswerte verteilt wurde, die ein Wachstumspotenzial enthalten sollten.

Derzeit gibt es mehr als 150 Blockchain in Spanien, und in jedem Land, die Operationen zu erleichtern, so dass Einlagen machbar sein und dann im Laufe der Zeit können Sie, die Annahme dieser Art von Technologie ermöglicht es Unternehmen, die Pensionskasse in der Ebene der Kryptowährungen zu widmen.

Ähnlich in China, Blockchain Pläne sind auf einer täglichen Basis entworfen, um jede Investition kann in Eskalation zu gehen, und jeder Bereich in Asien hat sich das Epizentrum der Blockchain-Technologie über andere Standorte, hat dies mit der Förderung dieser Art von Technologie in verschiedenen Bereichen der Gesellschaft beteiligt zu tun.

Die immense technologische Entwicklung ist Teil der industriellen Innovation, die in Asien stattfindet, in den letzten 5 Jahren hat sie sich verstärkt und die meisten der lokalen Unternehmen setzen auf diesen Weg, um Rentenfonds zu bilden, die auf der Grundlage der Nachrichten, die aus diesem Umfeld entstehen, aufrechterhalten werden.

- **Bitcoin und Ethereum dürfen in einer Altersvorsorge nicht fehlen.**

Durch die Welt der Kryptowährungen und all das, was sie auf finanzieller Ebene bewirkt, ist es eine exklusive Möglichkeit, so dass Sie durch Compounding in der Nähe sein können, um Einkommen zu generieren, bis Sie Liquidität haben, um bequem zu leben, aus diesem Grund sollten Kryptoassets Teil eines jeden Ruhestandsplans sein.

Diese Art von Wetten auf Ihre Zukunft ist Teil einer neuen Ordnung, die die Zentralisierung überwindet. Mit diesem Dienstprogramm können Sie die Vorteile der Blockchain-Technologie nutzen, da dieses Medium einen einzigartigen Rentabilitätsbeitrag darstellt, insbesondere weil es eine Diversifizierung ermöglicht und im Vergleich zu den traditionellen Medien stärker ist.

Die Beratung bei der Erstellung eines Rentenportfolios erhöht den potenziellen Prozentsatz, dass Sie einen Vermögenswert mit einer großen Zukunft erhalten, wenn es um die Rentabilität geht, ist diese Art von Unterstützung zuverlässiger, so dass Sie nicht mehr Risiken eingehen müssen, diese Instrumente erhöhen Ihre Gewinnprozente auf dem Portfolio.

Aber inmitten der Portfoliobildung gibt es andere externe Details oder Elemente, wie Ihr Alter und Ihre Ziele, die bei der

Erstellung eines Plans zählen, der langfristige Gewinne darstellt, und indem Sie diese Details studieren, können Sie auf eine wichtige Quelle der Profitabilität auf hohem Niveau zugreifen.

Auf globaler Ebene wurde es traditionell in Gold, Silber und viele andere Vermögenswerte investiert, aber mit dem Rückgang seiner Strömung die Ankunft von Kryptowährungen nahm mehr Kraft, diese neue Strömung bewirkt, dass die Rentenversorgung investiert wird, um ein variables Einkommen zu werden, daher ist es eine echte Alternative, die Sinn macht.

Das Auffällige an Kryptowährungen ist das Interesse, das sie generieren, unabhängig vom Risikoniveau, das diese Option mit sich bringt. Für diejenigen, die auf der Suche nach Diversifikation und Rentabilität sind, ist diese Alternative also am besten geeignet, weil sie diese Kriterien erfüllt, ohne die Vorsorgewarnungen zu unterschätzen.

Diese Risikobereitschaft ist ein Weg, der jede Art von Rente verbessern kann, bis zu dem Punkt der Erfüllung der Verpflichtungen und Zahlungen, die in der Zukunft zu erwarten sind, sollten Sie mit der Erstellung eines Profils beginnen, um das

Risiko und die Zeit zu visualisieren, die bis zur Erlangung eines variablen Einkommens zu erwarten ist.

Die Spezialwette auf Bitcoin ist eine besondere Art und Weise für Sie, ein Investitionsgut mit viel Zukunft zu erwerben. Das Wichtigste ist, dass Sie, wenn Sie mehr Daten erwerben, weiterhin Analysen durchführen können, um Ihre Investitionen an die Markttrends anzupassen.

In der Krypto-Assets-Umgebung gibt es eine wichtige Marge der Kapitalisierung, daher ist es eine Verbesserung der Liquidität, aus diesem Grund eine große Menge von Börsen beteiligen sich an der Schaffung von Rentenfonds, kann ein Contracting durchgeführt werden, um Ihre Investition zu gewährleisten und Sie können geeignete Vermögenswerte haben.

Es mag immer noch viel Kritik an diesem Wirtschaftszweig geben, aber es stimmt, dass wichtige Vermögenswerte wie Bitcoin einen bedeutenden Fortschritt darstellen, aber gleichzeitig ist eine Menge Information aufgetaucht, die es erlaubt, dieser Art von Technologie zu vertrauen.

Gleichzeitig wurden einige Protokolle auferlegt, so dass die Fähigkeit, einige Kontrakte durchzuführen, nicht beeinträchtigt wird, so dass Sie ein grundlegendes Lernen erhalten können, das Ihnen erlaubt, auf den Vermögenswert zu wetten, den Sie wollen, besonders um einige Gewinne von diesem flüssigen und aktualisierten Markt zu erhalten.

Das Wichtigste ist, sich die Frage zu stellen, ob Sie in der Lage sind, eine Position zu messen und zu halten, die nicht so spekulativ ist, sondern mit einem langfristigen Plan, der mit soliden Positionen mit hohen Projektionen aufgebaut ist, wird dies erreicht, da Sie in der Lage sind, eine gründliche Vision jedes Vermögenswertes auszuüben.

Die Ansichten zu prüfen, um die Vorteile von cryptocurrencies zu nehmen, ist die eine, die Sie zu bedienen und Entscheidungen auf eigene Faust, diese Art von Management ist eine persönliche Angelegenheit, aber Sie können einige digitale Brieftaschen, wo Sie einige Techniken, die im Zusammenhang mit der Erlangung passives Einkommen anwenden können.

Abhängig von jedem Investor können Sie die Disposition Ihres Kapitals wählen, um mit zu beginnen, vermehren die Art der Möglichkeiten, die Sie besitzen, ist diese neue Industrie auf Ihre Vision, es hängt alles von Ihren Zielen und um es ist, dass Sie gehen, um den Ruhestand Plan zu bauen.

- **Die futuristische Schätzung eines Pensionsplans**

Eine priorisierte Aufmerksamkeit muss auf die Zukunft gewidmet werden, die der Rentenplan hat, mit dieser Art von futuristischer Vision wird eine Kryptowährungsinvestition gebaut, dieser ausgeklügelte Aspekt ist das, was Sie benötigen, weil Sie, um ein gewisses Maß an Rendite zu erreichen, Daten über Rentabilität, Risiko und andere Faktoren zeichnen und studieren können.

Wenn Sie diesem Weg folgen, können Sie ein ausgewogenes Portfolio erhalten, das die Maße der Rentabilität und des Risikos berücksichtigt, indem Sie dies verstehen, können Sie das Auf und Ab ohne so viel Angst dazwischen visualisieren, die Beschränkungen können Sie selbst setzen, bis Sie so konservativ sind, wie Sie es wünschen, das Wesentliche ist, dass Ihr Rentenfonds geschützt ist.

Auf diese Weise können Sie einen effizienten Plan ausarbeiten, aber die Kombination von Vermögenswerten ist immer als eine optimale Modalität gedacht, um für sich selbst zu sorgen, auf diese Weise werden Sie sich mit auffälligen und klaren Daten wiederfinden, das Wichtigste ist, dass alles gut verteilt ist, um ein variables Einkommen zu erzielen, auf diese Weise wird die Zusammensetzung effektiv sein.

Die spezielle Lesung ist das, was Ihnen erlaubt, Daten zu vergleichen, mit denen Ihre Fonds verursachen können Renten viel nützlicher sein, im Hinblick auf die Eigenschaften der Vermögenswerte, die das gleiche machen, wie es Bewegungen werden Ergebnisse, die Ihre aktuellen Pensionspläne beeinflussen.

Das Risikoniveau, das Kryptowährungen bieten, ist eine Möglichkeit, die Rentabilität zu erhöhen, aber durch eine Wette, bei der die technologische Seite mehr Stärke erlangt, ist die Bereitschaft, digitales Geld zu haben, eine aktuelle Macht, um Vermögenswerte zu nutzen, die eine Menge Eigenschaften sammeln, um sie zu idealen Investitionswerten zu machen.

Um mit dieser Art von Vermögenswerten zu handeln, müssen Sie die klare Vorstellung haben, mit einigen bitteren Momenten zu leben, es ist ein Teil der guten und nicht so guten Seite, die Sie begleiten wird, bis Sie sich entscheiden, alle Gelder zurückzuziehen, die einem solchen Pensionsplan gewidmet sind, indem Sie den Wert und das Potenzial von Kryptowährungen maximal nutzen.

Einführung von Bitwage zur Erstellung einer Altersvorsorge

Die Optionen, die auf dem Markt verfügbar sind, werden durch Bitwage erweitert, wo sich die Möglichkeit ergibt, Teil des ersten BTC 401(k) auf der ganzen Welt zu sein, dies ist Teil eines Pensionsplans, zu dem sie Zugang haben können, dieses Projekt wird von einem Teil der Partnerschaft von Gemini und Kingdom Trust begleitet.

Jeder Mitarbeiter, der eingeschrieben ist, hat die Möglichkeit, in zwei Modi zu investieren, erstens in traditionelle Roth 401 (k) Typ Dollar, all dies kommt von dem Dienstleister, der Bitwage Lohnlisten hat, wo ein Bitcoin 401 (k) Plan entworfen wurde.

Diese Arten von Beispielen zeigen die Akzeptanz, die Kryptowährungen haben, diese Pläne werden von einer großen Anzahl von Unternehmen und Firmen akzeptiert und gestaltet, eines davon ist Gemini und es begann alles durch einen Test von mindestens 10 Monaten Dauer, so dass jeder Mitarbeiter begann, in Bitcoin zu investieren.

- **Was ein 401(k)-Plan darstellt**

Eine große Anzahl von Unternehmen sponsern die Praxis und bevorzugen auf einem speziellen Sparplan, um engagierte Ruhestand für ihre Mitarbeiter zu decken, durch den Aufbau dieser Pläne können Sie Ihre Zukunft zu sichern, sie sind auch als beitragsorientierte Pläne bekannt.

Diese Option ermöglicht es Ihnen, einfach Geld zu sparen, um die Kontrolle über Ihren Ruhestand zu nehmen, ohne die Notwendigkeit, über Bundessteuern, viel weniger staatliche Steuern zu kümmern, ist es ein Einkommen auf Ihre Mittel, bis Sie in der Lage sind, den gesamten Fonds im Ruhestand zu entziehen, und dies ist einer der häufigsten Pläne.

- **Ruhestand durch Bitcoin**

Bitwage Handel mit Gemini bietet die Möglichkeit, eine Altersvorsorge zu schaffen, ist dies möglich oder real durch den Austausch von Plattformen von maximalem Vertrauen nicht jede Art von Risiko zu laufen, darüber hinaus ist alles durch eine Art der Verwahrung durch die beste auferlegt entwickelt und besitzt Verwaltung Funktion.

Das demografische Profil, das von jedem Unternehmen auferlegt wird, erlaubt es, sich an die Art von Kryptowährungen anzupassen, die bequem zu kaufen ist, dafür wird eine Navigation gemacht, um die günstigsten wirtschaftlichen Zeiten auszunutzen, dies ist günstig für Unternehmen, um die Lohnkosten zu reduzieren, die mit dem Ruhestand zu tun haben oder haben.

Diese Pläne bieten die Möglichkeit, über 401(k)-Konten Beiträge zur Schaffung von Vorteilen zu leisten, und für die Mitarbeiter bedeutet dies, dass sie viel mehr bekommen, denn durch eine innovative Art und Weise können Sie Ihre Investition in eine größere Zahl verwandeln, als zu Beginn eingeführt wurde.

- **Ausbildung und Zukunftssicherung nach Investitionen**

Im speziellen Fall von Bitwage werden Pläne entwickelt, die in der Zukunft sichtbare Vorteile hervorbringen, es ist das Beste im Vergleich zu anderen Finanzprodukten, dies wird eine Realität unter einem soliden Plan wie dem 401(k), es ist eine Alternative für Händler, um den Fonds zu überwachen, der für ihren Ruhestand bestimmt ist.

In der Zukunft werden diese Arten von Plänen die Verwendung von mehr Kryptowährungen ermöglichen, aber im Moment setzt alles auf die Stabilität von Bitcoin, im Fall dieses Plans wurde er seit 2014 entworfen und seitdem ist er die dominanteste Modalität, um eine Gehaltsabrechnung am Leben zu erhalten, so dass Zahlungen in Ethereum, Bitcoin und vieles mehr ausgegeben werden können.

Diese Art von Unternehmen hat auch als Projekt oder Hauptzweck, dass Freiberufler ihre Zahlungen in Kryptowährungen haben können, da sie diesen Service für Upwork und auch für Toptal anbieten, wodurch digitale Währungen mehr denn je gültig sind und einen idealen Wertaustausch darstellen.

Auch bei Erbschaftsplänen wird der Weg der Kryptowährung häufig genutzt, vor allem in Regionen, in denen es sehr teuer ist, diese Art von Dienstleistungen oder Berechnungen aufrechtzuerhalten, ohne dass der Wert der Immobilien gefährdet ist, ist dieser Weg über verschiedene Bereiche machbar, weshalb es sich um Pläne handelt, die alles revolutionieren.

Die besten Kryptowährungen für die Erstellung eines Pensionsplans

Wenn man sich dem mittleren Alter nähert, ist es üblich, über seine Bequemlichkeit und Garantien nachzudenken. Um den Ruhestand in vollen Zügen zu leben, können Sie einige Formen von Investitionen in Betracht ziehen, die sich um Ihr langfristiges Vermögen kümmern, ohne Kopfschmerzen zu bereiten, indem Sie positive Entscheidungen treffen, können Sie ein Glückspilz sein und ein regelmäßiges Einkommen haben.

Wenn Sie einen Job haben, verdienen Sie ein Gehalt, das ein Link sein muss, um eine anständige Rente zu erhalten, die es Ihnen erlaubt, voll zu leben, ist dies schwer zu erreichen in dieser Art der aktuellen wirtschaftlichen Situation oder globalen Krisen, und eine Möglichkeit, Ihr Vermögen zu sichern ist durch Kryptowährungen, um ein nützliches Einkommen zu haben.

Angesichts der Untätigkeit des Staates bei der Pflege und dem Aufbau Ihrer Altersvorsorge können Sie mit einer unabhängigen und privaten Option wunderbare Prozente erwerben, um im Ruhestand besser zu leben, aber Sie sollten sich nicht für eine Bank entscheiden, sondern für ein dezentrales Mittel, das Ihnen mehr Freiheiten verschafft.

Die Investition in Kryptowährungen ist interessant, um herausragende Vorteile zu erhalten, abgesehen von der Tatsache, dass es sich um eine unsichere oder unkontrollierbare Alternative handelt, aber die Wahrheit ist, dass sie die Erstellung eines Pensionsplans in Richtung eines anderen Ergebnisses als die anderen Optionen erleichtert und vor allem profitabler ist, bis hin zu dem Punkt, dass Sie Ihre Fonds besser kennen und aktiver daran teilnehmen.

Es gibt keinen Vergleich auf der Ebene der Rentabilität, die Kryptowährungen haben, wo die Darstellung von Bitcoin steht heraus, weil eine Investition, die Sie heute machen, kann in eine doppelte oder dreifache Maßnahme umgewandelt werden, so dass jeder Investitionsplan profitabel.

Aber es geht nicht nur um Kryptowährungen, Sie können Ihr Vermögen in Richtung anderer Kryptowährungen diversifizieren, die langfristig vielversprechend sind. Im Moment können Sie sich für Monero und Faircoin entscheiden, da dies Optionen sind, die Sie nutzen können, um Ihre Rente zu sichern, aber ebenso können Sie auf andere Optionen setzen.

Normalerweise können Sie die Entwicklung von Litecoin, Ethereum, Dash und vielen anderen dieser Art genau verfolgen. Das Wesentliche ist, ein Portfolio zu bilden, das in jeder Hinsicht geeignet ist, damit Sie, wenn sich der Ruhestand abzeichnet, Möglichkeiten haben, auf die verschiedenen Verpflichtungen zu reagieren, die auf Sie zukommen, ohne an Geld oder Untätigkeit zu denken.

Kryptoassets als Zeichen der Zukunft für Pensionsfonds

All das, was Kryptoassets darstellen, übersetzt sich in eine klare Hoffnung, Pensionsfonds lohnend zu machen, die die Rolle der traditionellen Finanzinstitute vollständig verdrängen.

Vor einigen bärischen Fenstern ist es ein formidabler Einstieg, so dass Ihr Kapital steigen kann, da Sie Kryptowährungen zu einem niedrigen Preis kaufen würden, so dass jeder Anstieg als persönlicher Gewinn nach jedem prozentualen Anstieg des ursprünglichen Wertes genutzt werden kann, daher kann eine wichtige Sammlung für Sie produziert werden.

Viele Unternehmen sind in der Lage, einen Hedge-Fonds für Pensionen anzubieten, der sich auf Kryptowährungen konzentriert. Hier ist es möglich, Zugang zu einer umfassenderen Verwaltung zu haben, das Entscheidende liegt nicht hinter dem Kapital, sondern den generierten Zinsen, denn das ist es, was Ihren Pensionsfonds aufrechterhält.

Sobald es einige Hochs auf dem Markt gibt, können Sie gute Nachrichten bekommen, aber als Investor müssen Sie vorsichtig bleiben, besonders wenn Sie die Veränderungen des

Kapitals genau beobachten, das unter einer bärischen Facette erhalten werden muss, um seinen Wert nicht zu verbrennen.

Fonds, die Kryptowährungen gewidmet sind, sind eine Lösung und gleichzeitig eine Herausforderung, denn auf der Ebene der Details ist es ein kompliziertes Bild, da jede Ebene des Handels den Preis von Vermögenswerten beeinflusst, aber die Arbeit und die Verbindung von Rentenfonds mit Kryptowährungen ist keine Tatsache, die aus heiterem Himmel geschieht.

Eine zusätzliche Maßnahme ist Pensionsfondsmanager, am Ende digitale Vermögenswerte bieten Bequemlichkeit, Bildung erforderlich ist und eine große Menge an Zeit investiert, damit die Vorteile und Nachteile analysiert werden kann, bis zu den Schritten der Chief Investment Officers folgen.

Das wichtigste und einzige Hindernis, Ihr Vermögen in die Hände von Kryptowährungen zu legen, ist der Grad der Volatilität, aber jede Bewegung oder Variante muss mit einer hohen Dosis Geduld akzeptiert werden, das sind Schlüsselfaktoren, um sich in die Zukunft dieser Art von Markt zu wagen, der so wechselhaft ist wie die Kryptowährungen.

Eine große Anzahl von Anlegern werden befestigt und vertraut mit digitalen Vermögenswerten, sie sind diejenigen, die Komfort für die Kontrolle, die über Ihre Mittel ausgeübt werden kann, was bewirkt, dass, während das Kapital eingesetzt wird, größer sind die Vorteile, wenn die richtigen Wege befolgt werden.

Der Sieg, den man mit digitalen Asset-Fonds erringen kann, ist die Garantie, dass sie nicht abwerten, was in Rentenangelegenheiten nützlich ist. Kryptowährungen mögen volatil sein, aber sie erfüllen die Kriterien, eine bessere Entwicklung im Vergleich zu traditionellen Finanzprodukten zu haben.

Die Performance von Kryptowährungen ist asymmetrisch, was bedeutet, dass das Aufwärtspotenzial, dem Sie begegnen können, höher ist als das Abwärtspotenzial, und innerhalb dieses Verhaltens erfüllt Bitcoin dieses Maß an Rendite, es ist die wichtigste Säule zur Durchführung einer institutionellen Investition.

Die Vision, einen Fonds in eine Kryptowährung zu investieren, ist eine Aufgabe oder ein ermutigender Schritt wegen der Wachstumsspanne, solange alle damit verbundenen Risiken natürlich akzeptiert werden, werden Sie in der Lage sein, das Kapital auf eine bessere Art und Weise zu verwalten, es ist ein intelligenter Weg, um der Inflation zu entkommen und nur mit akzeptablen Risiken eines Marktes umzugehen.

Einige Anlagebewegungen leiden unter der Spekulation, dies wird zu einem der angespanntesten Momente, da bestimmte Bewegungen Sie völlig verunsichern können, aber es hängt alles von der Dauer des Bärenmarktes ab sowie von der Volatilität, die bei Kryptowährungen vorkommt.

Die Begünstigten eines solchen Fonds benötigen ein Höchstmaß an Forschung, so dass Ihr Geld ab dem Start der Anlage mit Risiken konfrontiert wird, aber ein Investmentteam bleibt unabhängig von Ihren Bedenken auf dem Laufenden.

Immer mehr Hintergründe werden in Kryptowährungsinvestitionen markiert, um voll in der Zukunft zu leben, wo jeder Teilnehmer beginnt, sich zu fragen, auf welche digitalen Vermögenswerte es bequem sein wird, ihre Mittel zu platzieren, so dass in den kommenden Jahren die Interessen beginnen, aufzutauchen.

Zu vermeidende Handlungen, um von Kryptowährungen leben zu können

Unabhängig von der Art der Kryptowährung, die Sie bevorzugen oder in die Sie investieren, gibt es einige Vorsichtsmaßnahmen oder Empfehlungen, die Sie ernst nehmen sollten, da dies Ihnen erlauben wird, die finanzielle Freiheit zu erreichen, nach der Sie sich sehnen, aber es ist ein Bereich, in dem Lesen alles ist, besonders innerhalb des Marktverhaltens.

1. Mangelndes Wissen über Kryptowährungen

Was Sie nicht vergessen sollten, ist, dass dies eine Aktivität ist, die erhebliche Verluste generieren kann, aber die Konzentration sollte die ganze Zeit auf das sein, was Sie gewinnen können, anstatt pessimistisch zu sein, weil das nur Ihre emotionale Seite verletzt, so dass eine zu vermeidende Handlung die Unwissenheit dessen ist, was Sie investieren.

Hinter jeder Art von Kryptowährung steht ein Zweck. Wenn Sie diese Punkte kennen, können Sie die Nachrichten dieses Sektors verfolgen, insbesondere auf Basis der Blockchain-Technologie, wo viele Daten zirkulieren, die nicht vollständig verstanden werden, Ihnen aber einen klaren Vorteil verschaffen.

Im Großen und Ganzen hilft Ihnen dies, die Notierung zu erkennen, die darauf existiert, das heißt, die Menge der Käufe und Verkäufe dazwischen, all dies kann durch die Informationen oder Statistiken, die eine Exchange hat, bekannt sein, das gleiche geschieht mit dem Umgang mit einer großen Menge an Informationen über die Brieftasche, die Sie verwenden werden.

Es erkennt in erster Linie, dass diese Art von digitalen Vermögenswerten vollständig dezentralisiert ist, und die Vorhersagen über sie ist als eine tragende Säule der Wirtschaft der Zukunft positioniert, weshalb Renten drehen sich um diese Anlageklasse, weshalb sie am häufigsten als eine Investition und nicht als eine Form der Zahlung verwendet werden.

2. Lesen und verfolgen Sie jede online gefundene Seite

Wenn es um Ihr Vermögen geht, können Sie nicht einfach jedem vertrauen, vor allem, weil Sie Opfer von Betrügereien werden oder sich an einem Fonds beteiligen können, der in Korruption verwickelt ist. Ein Weg, um zu lernen, ist die Beratung durch Experten, sowie Ihre eigenen Fehler, indem Sie eine 100% legale Registrierung auf eigene Faust starten.

Hinter jeder Entscheidung steht die Zukunft Ihres Geldes, sich für Kryptowährungen zu entscheiden ist kein leichter Schritt, aus irgendeinem Grund ist es nicht gesund, übereilt zu handeln, manchmal bringt das Folgen von Impulsen kein positives Ergebnis, deshalb ist es besser, einen sichereren und eindeutigen Weg zu bevorzugen.

Anstatt alles zu glauben, was Sie lesen, ist es am besten, sich auf offizielle Quellen zu beziehen, ohne zu vergessen, dass Sie Ihre finanziellen Informationen nicht einmal mit Bekannten teilen sollten, da die Kontrolle des digitalen Vermögens von der Art der Sorgfalt abhängt, die Sie von Anfang an ausüben können.

3. **Ein Vermögen für Kurse ausgeben, die keinen Ruf haben**

Lernen, in Kryptowährungen zu investieren, ist nicht einfach, viel weniger, wenn Sie wollen, dass diese Vermögenswerte Ihre Mittel in der Zukunft darstellen können, so ist es nicht genug mit einigen Vorträgen oder viel weniger, ist es am besten, sich vollständig zu engagieren, um alle Zweifel zu klären, ohne zu viel Zeit zu verschwenden in nur Praxis, weil Sie Chancen verpassen.

Auf dem Markt gibt es einige Lücken, die Sie nicht verpassen sollten, aber das Lernen ist lebenswichtig, so dass die am besten geeignete Sache zu tun ist, nicht Zeit zu verschwenden, sondern sich zu widmen, um Ihre Optionen zu analysieren, ohne die Notwendigkeit, impulsive Handlungen, die für die Investition für Sie verantwortlich sind, ist es eine Frage der folgenden, was mehr professionell und effektiv ist.

Was man nicht vermeiden kann, ist die Pflicht zu lernen, aber man kann es auch nicht auf die Spitze treiben, indem man an einem Kurs teilnimmt, dessen einziges Ziel es ist, Ihnen Ihr Geld aus der Tasche zu ziehen, denn man wird Ihnen nur Ratschläge geben, die zwar schön klingen, aber in der Entwicklung des Marktes keinen Effekt erzeugen, geschweige denn Ihre Psychologie vorbereiten.

4. Auswahl einer Kryptowährung für ein bullisches Versprechen

Nachdenken über ein Leben von cryptocurrencies und bekommen leichtes Geld ist nicht etwas, das über Nacht passiert, so über Gier müssen Sie verstehen, dass einige cryptocurrencies erhalten Werbung zu profitieren diejenigen, die bereits im Inneren, plus Sie benötigen Anleitung, um zu identifizieren, den Fall von diesem Höhepunkt oder bullish Moment.

Auf dem Markt ist das übliche Muster, dass es ein hohes Preisniveau gibt und dann einen Abwärtstrend, es ist Teil der Dynamik dieser Art von Umgebung, denn wie bei jeder anderen Investition muss alles, was nach oben geht, auch nach unten gehen, in der Geschichte sind solche Muster Teil jeder Wirtschaft.

Es ist üblich, dass Sie viele Veröffentlichungen hören oder lesen, in denen Ihnen empfohlen wird, sie zu kaufen, weil sie in der Zukunft viel wert sein werden, diese Art von Konzept ist bei den meisten Vermögenswerten etabliert.

Das Wichtigste ist, dass Sie in der Lage sind, ihren Wert zu erkennen, sowie zu bestimmen, ob sie das Potenzial hat, im Preis zu eskalieren, da die Zukunft nicht gelesen werden kann, aber in der Gegenwart können Sie messen, was die Kryptowährung ist, es ist eine Vorschau, wie weit es gehen kann, da kein Preis überhaupt stabil ist.

Die Jahreszeiten und Nachrichten beeinflussen einen Preis, so dass der tatsächliche Wert relativ ist und es schwirig ist, mit Sicherheit eine Projektion zu bestimmen, aber wenn es darum geht, von dieser Tätigkeit zu leben, ist es am besten, auf die Vermögenswerte zu setzen, die stabiler sind, so dass Sie sich darauf für Ihren Ruhestand verlassen können.

5. Kreditaufnahme und Erhöhung Ihrer Ausgaben durch Investitionen in Kryptowährungen

Die Investition in Kryptowährungen als Lebensstil, geht Hand in Hand mit einer Verringerung Ihrer Ausgaben, es sei denn, Ihre Einnahmen sind über dem Verbrauch, den Sie machen, dies hilft Ihren Fonds als Ganzes kann Zinsen ohne Not zu verdienen, auch das Kapital auf die Kryptowährung beteiligt sein sollte ein Fonds, den Sie nicht benötigen.

Im Falle der Renten und Pensionen hat es mit der Verwaltung und dem Schutz der Fonds zu tun, als nützliche Maßnahme angesichts der Inflation sowie der Intervention und den Provisionen, die von öffentlichen Einrichtungen generiert werden, die zusätzlich zu allem anderen keine Art von Kapitalerhöhung generieren.

Wenn Sie von diesen digitalen Vermögenswerten leben wollen, sollten Sie nicht in Erwägung ziehen, zu viel zu verdienen oder sich mit dem Geld anderer zu erholen, denn das wäre ein extremer Druck, wenn die gewünschten Ergebnisse ausbleiben, dieses Riesenproblem erlaubt es Ihnen nicht, die

Möglichkeiten zu sehen, ohne davon abzusehen, dass Sie sich verschulden können.

Diese Art von Aktion des Borgens macht alles nur noch schlimmer, die üblichsten sind Zeugnisse, in denen eine ganze Familie ihr Vermögen verkauft, um es in Kryptowährung zu investieren, was sinnvoller ist als das Borgen, obwohl es auf eine andere Art und Weise beobachtet wird, auf lange Sicht generiert es mehr Möglichkeiten ein starkes Kapital auf der Grundlage Ihres Vermögens.

Anstatt Investitionen als ein unmögliches Ereignis zu betrachten, können Sie damit beginnen, Ihre Junk-Food-Ausgaben oder nur ein paar $5 pro Monat, wöchentlich oder wie auch immer Sie es bevorzugen, in den Aufbau eines Kryptowährungsfonds zu investieren, der Sie morgen vertreten kann.

6. **Wetten auf Kryptowährungen mit einer schlechten Erfolgsbilanz**

Von den Einnahmen und Bewegungen der Kryptowährungen zu leben, hängt vor allem von der Wahl stabiler Vermögenswerte ab, vor allem, wenn Sie Ihren Ruhestand mit diesen Währungen verbringen wollen, denn wenn Sie ein solides Projekt und ein skalierbares Verhalten dahinter haben, können Sie auf lange Sicht Millionär werden oder Ihre Gelder werden wichtige Interessen erworben haben.

Dies gilt für alle Kryptowährungen im Allgemeinen, denn sich für solche zu entscheiden, die heute $1 wert sind, nur um in ein paar Jahren ein massives Wachstum zu erwarten, um einen Preis von $100 oder mehr zu haben, ist eine futuristische Maßnahme, aber gleichzeitig leer, da viele Faktoren beteiligt sind, um zu bescheinigen, dass es sich um eine Kryptowährung mit Potenzial handelt.

Die Suche nach solchen Möglichkeiten ist kompliziert, in jedem Fall hängt von der Vision und Studie von Experten, die aufstrebenden Kryptowährungen zu messen, aber nichts ist in dieser Art von Markt geschrieben, die Idee der Multiplikation Ihr Geld in dieser Welt ist eine progressive Eskalation, das Wesentliche ist nicht zu kaufen oder zu investieren alles, ohne eine Forschungsbasis.

www.ingramcontent.com/pod-product-compliance
Lightning Source LLC
Chambersburg PA
CBHW070437220526
45466CB00004B/1708